HOMÉLIES SUR LA FAMILLE, L'AMOUR, LE MARIAGE, L'ADULTÈRE ET LE DIVORCE

SAINT JEAN CHRYSOSTOME

Traduction par
M. JEANNIN

CRIBERE SEMPER ET LEGERE

TABLE DES MATIÈRES

HOMÉLIES SUR LE MARIAGE.

AVERTISSEMENT.

Les trois homélies suivantes, dont la première a pour texte les paroles de saint Paul : *Propter fornicationes*, etc., la seconde, roule sur la répudiation, la troisième sur le choix d'une épouse, ont évidemment été prononcées de suite. Un passage, au commencement de la seconde, montre qu'elle a suivi de près la première, dont le texte s'y trouve reproduit. La troisième dut pareillement être prononcée peu de jours après la seconde : nous en avons pour preuve le témoignage même du Saint dans son exorde. Il est principalement question, dans la première, de la célébration du mariage et de l'inconvénient des danses licencieuses, des chansons obscènes qui, au temps de Chrysostome, accompagnaient ordinairement cette cérémonie. L'orateur s'élève ensuite contre ceux qui persistent dans la fornication, même après le mariage, et aussi contre l'opinion mondaine qui réserve le nom d'adultère à l'infidélité des femmes mariées et à la complicité de leurs séducteurs. Dans le discours suivant, saint Jean Chrysostome traite de la répudiation, et conclut, contre les maximes et la pratique des Grecs de nos jours, qu'il n'est pas permis d'épouser une femme répudiée pour cause d'adultère. Enfin, le titre même de la troisième homélie, du choix d'une épouse dit assez quel en est le sujet. Chrysostome y fait l'éloge d'un Maxime, qu'il désigne en langage figuré comme son coadjuteur, et qui était peut-être cet évêque de Séleucie, en Isaurie, qui avait précédemment porté la parole à sa place : de ce même témoignage on peut inférer que saint Jean Chrysostome était alors évêque de Constantinople.

PREMIÈRE HOMÉLIE.

SUR CES PAROLES DE SAINT PAUL : « À CAUSE DE LA FORNICATION QUE CHACUN AIT SA FEMME. » (I COR. VII, 2.)

Analyse.

1° Effets de la parole sacrée. — Qu'il faut savoir maîtriser sa langue.

2° De la célébration du mariage. — Des abus qui l'accompagnent.

3° Que le démon a part à ces abus. — À quoi tend l'institution du mariage.

4° Réfutation de l'erreur mondaine concernant l'adultère.

5° Châtiment de l'époux adultère en ce monde et dans l'autre.

1. Je veux encore aujourd'hui vous conduire par la main vers les sources de miel, le miel étant une chose dont on ne peut se lasser. Telle est la nature des paroles de Paul, et tous ceux qui s'abreuvent à ces sources, parlent sous l'inspiration du Saint-Es-

prit ; ou plutôt, la douceur du miel n'est rien auprès du charme attaché aux paroles divines. Et c'est ce que le prophète exprime en ces termes : *Que tes paroles sont douces à mon gosier ; ma bouche les préfère au miel.* (Ps. CXVIII, 103.) Mais ce n'est pas seulement le miel que passe en douceur le charme des célestes paroles, c'est l'or, ce sont les pierres les plus rares qui lui cèdent en valeur, c'est l'argent le plus raffiné qui lui cède en pureté. *Les paroles du Seigneur,* dit le même, *sont des paroles pures, un argent passé au feu, purgé de sa terre, sept fois purifié.* (Psal. XI, 7.) Voilà ce qui faisait dire à un sage : *Il n'est pas bon de manger beaucoup de miel ; mais il faut honorer les paroles glorieuses.* (Prov. XXV, 27.) En effet, le miel peut causer une maladie à l'homme sain, tandis qu'à l'aide de ces paroles, l'homme infirme peut se guérir ; de plus, le miel se corrompt dans la digestion, tandis que les paroles divines, lorsqu'on les digère, deviennent encore plus agréables et plus salutaires, et pour ceux qui les ont goûtées, et en même temps pour beaucoup d'autres. Enfin, celui qui s'assied à une table matérielle où règne le luxe, la quitte souvent avec des nausées qui le rendent incommode à tout ce qui l'entoure : au contraire, celui qui exhale l'odeur de l'instruction spirituelle, délecte ceux qui l'approchent par des parfums enivrants. Aussi David, qui goûtait sans cesse à ce festin béni, a-t-il pu dire : *Mon cœur a exhalé le parfum de la bonne parole.* (Ps. XLIV, 2.) En effet, il est aussi une mauvaise parole, dont on peut exhaler l'odeur. Et comme dans les festins du corps, la nature des aliments détermine la qualité de l'odeur qui revient à la bouche des convives ; ainsi, quand il s'agit de paroles, la qualité de celles dont on s'est nourri se reconnaît généralement à l'arrière-goût qu'elles laissent après elles. Par exemple, vous allez vous asseoir sur les degrés d'un théâtre, vous entendez des chansons lubriques : vos conversations sentiront encore les propos que vous aurez entendus. Mais vous venez à l'église, vos oreilles participent aux discours spirituels ; votre bouche en rendra le parfum. De là cette parole du prophète : Mon cœur a exhalé le parfum de la bonne parole, par où il veut nous faire entendre l'aliment dont il avait coutume de se nourrir. Et Paul, sur la foi du prophète, nous exhortait en ces termes : *Qu'aucun discours mauvais ne sorte de votre bouche ; que s'il en sort quelqu'un, qu'il soit bon.* (Éphés. IV, 29.) Et qu'est-ce qu'un discours mauvais ? dira-t-on ; si vous apprenez ce que c'est qu'un bon discours, vous connaîtrez en même temps ce que c'est qu'un discours mauvais, car ces deux choses sont ici opposées l'une à l'autre. Ce que c'est qu'un bon discours ! il n'est pas besoin que je vous l'apprenne, car Paul lui-même nous en a expliqué la nature. En effet, après ces mots : *qu'il soit bon*, il ajoute, *propre à édifier l'Église*, montrant par là qu'un bon discours est celui qui édifie le prochain. Par conséquent, si le bon discours est celui qui édifie, le discours mauvais et condamnable est celui qui détruit.

Ainsi donc, mon cher auditeur, si tu as quelque chose à dire qui soit propre à rendre meilleur celui qui t'écoute, ne reste pas bouche close en cette occasion de salut : mais si tu n'as rien de pareil, et seulement des propos répréhensibles et dissolus, tais-toi, ne parle point contre l'intérêt du prochain. Car, c'est là un discours mauvais, puisque non seulement il n'édifie pas l'auditeur, mais encore fait tout le contraire. En effet, si cet auditeur pratique la vertu, de tels propos lui inspirent souvent de l'orgueil ; et s'il est nonchalant pour le bien, il redouble son indifférence. Si tu dois prononcer quelque parole licencieuse et grossièrement risible, tais-toi. Car ce discours est mauvais qui rend plus déréglés et celui qui le profère et celui qui l'écoute et qui ravive en chacun les ardeurs coupables. Comme le bois est la matière et l'aliment de la flamme, ainsi les mauvaises pensées sont attisées par les paroles. Il ne faut donc pas dire indistinctement tout ce que nous avons dans l'esprit ; mais travaillons sérieusement à bannir de notre esprit même, et les désirs coupables, et toute pensée honteuse. Que si par hasard, et à notre insu, nous laissons pénétrer en nous quelque sale imagination, gardons-nous de la produire indiscrètement, et plutôt étouffons-la sous le silence. Voyez, en effet, les animaux farouches et les reptiles pris au piège ; s'ils trouvent quelque issue pour s'échapper, ils deviennent plus féroces après leur évasion ; si au contraire ils restent enfermés sans répit dans leur prison, bientôt, pour une cause ou une autre, ils sont détruits et exterminés. Ainsi des pensées coupables : notre bouche, nos discours leur offrent-ils quelque issue, leur flamme intérieure en reçoit de nouvelles forces. Mais si l'on ferme sur elles la porte du silence, elles s'affaiblissent, et, réduites par notre retenue à une sorte d'inanition, elles meurent emprisonnées dans notre âme. Par conséquent, alors même que tu éprouverais quelque honteuse convoitise, si tu sais t'abstenir de paroles honteuses, tu éteins dans ton cœur la convoitise elle-même. Ta pensée n'est point pure, du moins que ta bouche le soit ; garde-toi de jeter ces ordures à ta porte, de peur de nuire à d'autres et à toi-même. En effet, les paroles honteuses souillent non seulement ceux qui les prononcent, mais encore ceux qui les entendent. Je t'invite donc et t'exhorte à fermer, non seulement ta bouche, mais encore tes oreilles à tous propos de ce genre, et à rester attaché d'une manière inébranlable à la loi divine. Telle est la conduite de l'homme que proclame heureux le Prophète : *Heureux l'homme qui n'a point marché dans le conseil des impies, qui ne s'est point tenu debout dans la voie des pécheurs, qui ne s'est point assis dans la chaire de pestilence ; mais sa volonté est dans la loi du Seigneur, et dans sa loi il méditera le jour et la nuit.* (Ps. I, 1, 2.)

2. Dans les conversations du siècle, s'il se glisse parfois quelques bonnes paroles, c'est au milieu de mille propos méprisables, qui laissent à peine de la place pour un discours sensé. Il en est tout autrement des saintes Écritures : là, vous n'entendrez rien qui soit mauvais, rien qui ne soit salutaire et rempli d'une profonde sagesse : tel est, par exemple, le texte qui nous a été lu aujourd'hui. Ce texte, quel est-il ? *Quant aux choses dont vous m'avez écrit, il est avantageux à l'homme de ne toucher aucune femme. Mais à cause de la fornication, que chaque homme ait sa femme et chaque femme son mari.* (I Cor. VII, 1, 2.) Paul décrète en cet endroit, au sujet des mariages ; il n'en rougit pas, il n'en éprouve point de honte. En effet, si son Maître a daigné assister à un mariage, si, loin

de s'en abstenir par pudeur, il a au contraire honoré la cérémonie de sa présence et de son cadeau (et nul ne se montra plus généreux que lui pour les époux, puisqu'il changea l'eau en vin), comment l'esclave aurait-il rougi de décréter au sujet des mariages ? Ce n'est pas le mariage qui est une mauvaise chose, c'est l'adultère, c'est la fornication. Or le mariage est un remède contre la fornication.

Évitons donc de le déshonorer par des pompes diaboliques, et que, à l'exemple des mariés de Cana en Galilée, ceux qui prennent femme aujourd'hui aient pareillement entre eux Jésus-Christ. Mais comment, dira-t-on, cela peut-il se faire ? Par le simple ministère des prêtres. En effet, il est écrit : *Celui qui vous reçoit me reçoit.* (Matth. X, 40.) Si donc vous chassez loin de vous le diable, les chansons lubriques, les poésies voluptueuses, les danses déréglées, les paroles obscènes, et tout cet appareil diabolique, et ce tumulte, et ces rires à gorge déployée ; si vous bannissez enfin toute indécence et que vous introduisiez les saints serviteurs du Christ, le Christ lui-même, en leur personne, sera là, n'en doutez point, avec sa mère et ses frères. Car il est écrit : *Quiconque fait la volonté de mon Père, celui-là est mon frère, et ma sœur et ma mère.* (Matth. XII, 50.) Je sais que quelques-uns trouvent importunes et fatigantes ces exhortations, ainsi que nos efforts pour déraciner un antique usage. Je ne m'en inquiète nullement, car je n'ai pas besoin de vous plaire, mais seulement de vous être utile : je n'ai pas besoin de vos applaudissements ni de vos éloges, mais de votre avancement et de votre instruction. Qu'on ne vienne donc point me dire que c'est un usage : dès que le péché se commet, cessez de parler d'usage. Si l'usage ne vaut rien, détruisez-le, quelque ancien qu'il puisse être ; s'il est innocent, vous fût-il inconnu d'ailleurs, il faut l'introduire et l'implanter. Mais la preuve que ces pratiques indécentes ne proviennent point d'un antique usage, et sont au contraire des nouveautés, vous la trouverez en vous rappelant la manière dont Isaac épousa Rébecca, dont Jacob épousa Rachel. En effet, l'Écriture raconte leurs mariages ; elle nous apprend comment les jeunes femmes furent conduites chez leurs époux, et elle ne mentionne rien de pareil. Seulement le festin fut plus brillant que le repas habituel, et les parents furent invités à la noce : quant aux flûtes, aux cymbales, aux danses d'ivrognes, à toutes les indécences qui sont à la mode aujourd'-hui, elles furent laissées à la porte.

Chez nous, l'on danse en chantant des hymnes en l'honneur d'Aphrodite, on entonne des chansons où il n'est question que d'adultères, d'épouses séduites, d'amours illégitimes, d'accouplements monstrueux, enfin d'impiétés et d'infamies de tout genre, et cela dans un pareil jour ; et c'est en état d'ivresse, c'est à la suite de tous ces dérèglements, c'est au milieu de propos obscènes que l'on fait cortège publiquement à la jeune épouse. Et comment donc, dis-moi, peux-tu exiger d'elle la chasteté, quand, dès le premier jour, tu lui donnes de pareilles leçons d'effronterie ; quand tu exposes à sa vue et à son oreille des spectacles, des propos dont le récit ferait horreur à des esclaves un peu réservés ? Quand le père, conjointement avec la mère, a consacré si longtemps toute sa sollicitude à veiller sur sa fille vierge, à empêcher qu'elle ne dît rien, qu'elle n'entendît rien de pareil ; quand il a multiplié pour cela les précautions : chambres particulières, appartements réservés, gardiens, portes, verrous, soin de tout fermer le soir, défense de se laisser voir, même aux parents, que sais-je encore ? tu arrives, et dans un jour tu détruis tout cet ouvrage, tu dépraves toi-même ta femme par une ignoble cérémonie, tu ouvres son âme au langage de la corruption ! Et d'où viennent, si ce n'est de là, les maux dont on se plaint ensuite ? d'où viennent les adultères et les jalousies ? d'où viennent les stérilités, les veuvages, les morts qui font de petits orphelins ? Quand vous appellerez les démons par vos refrains, quand vous comblerez leurs désirs par vos discours licencieux, quand vous introduirez dans vos demeures des mimes, d'infâmes histrions et tous les scandales du théâtre ; quand vous remplirez votre maison de prostituées et que vous y mettrez en fête et en branle toute la troupe des démons, quel salut, dites-moi, pouvez-vous encore espérer ? Mais pourquoi faire venir des prêtres, quand le lendemain c'est une pareille fête que vous devez célébrer ?

Voulez-vous déployer votre munificence d'une manière profitable ? Invitez des pauvres en guise de danseurs. Mais vous avez honte, je crois, vous rougissez ? Et quelle pire déraison que d'attirer le diable chez vous comme s'il n'y avait rien là de honteux, et de rougir quand on vous parle d'y laisser entrer le Christ ! Car, de même que les pauvres, en entrant, sont accompagnés du Christ, de même, au milieu des danses que forment ces mimes et ces infâmes, le diable est là qui prend part à la fête. En outre, de tels frais ne rapportent rien, ou plutôt ils produisent un grand dommage, tandis que la dépense dont je vous parle ne vous laissera pas longtemps sans une riche récompense. — Mais personne dans toute la ville ne s'est comporté de la sorte. — Eh bien ! songe à donner l'exemple et à prendre l'initiative de cette noble coutume, afin que ceux qui viendront ensuite t'en reportent l'honneur. Si l'on t'imite, si l'on t'emprunte cette pratique, les petits-neveux et les enfants des petits-neveux pourront dire à ceux qui en rechercheront l'origine : Un tel, le premier, a mis en honneur ce bel usage. Voyez ce qui se passe dans le monde au sujet des jeux publics : c'est à qui, dans les festins, célébrera ceux qui se sont acquittés avec munificence de ces stériles devoirs envers l'État. À plus forte raison cette fonction spirituelle vaudra-t-elle des éloges et des actions de grâces unanimes à celui qui en aura pris l'admirable initiative et elle lui vaudra, en même temps, une réputation de munificence et profit. En effet, si d'autres suivent ce bon exemple, c'est à toi, qui auras semé, que reviendra le prix de la moisson. Ce mérite fera que tu seras bientôt père ; il protégera ensuite tes enfants et sera cause que l'époux vieillira aux côtés de son épouse. *En effet, si Dieu ne cesse de menacer les pécheurs, s'il leur dit : Vos enfants seront orphelins et vos femmes seront veuves* (Exod. XXII, 24) ; à ceux qui lui obéissent en toutes choses il promet et une vieillesse heureuse, et tous les biens avec celui-là.

3. Paul nous apprend encore que les morts prématurées résultent souvent du grand nombre des

péchés. C'est pour cela, nous dit-il, qu'*il y a parmi vous beaucoup d'infirmes et de languissants, et que beaucoup s'endorment*. (I Cor. XI, 30.) Mais, que la nourriture donnée aux pauvres prévient ces accidents, ou, dans le cas d'un malheur imprévu, y porte promptement remède, c'est ce que vous prouvera l'exemple de la jeune fille de Joppé. Elle gisait privée de vie, mais les pauvres nourris par elle l'entouraient : leurs larmes la réveillèrent et la rendirent à la vie. (Act. IX, 36.) Tant il est vrai que la prière des veuves et des pauvres est préférable à tous les rires et à toutes les danses ! — Ici, un plaisir éphémère : là un profit durable et constant. Songe au prix que valent tant de bénédictions réunies sur la tête d'une jeune femme, au moment où elle entre dans la maison de son époux. Combien de couronnes ne faudrait-il point pour en effacer l'éclat ! Combien d'or pour en égaler la valeur ! aussi vrai que la mode actuelle est insensée et absurde au suprême degré. En effet, en admettant que nulle punition, nul châtiment, ne soit le prix de pareilles indécences, songez si ce n'est pas déjà un cruel supplice, que de supporter ce torrent d'injures en public, devant une foule qui les entend, de la part d'hommes ivres qui n'ont plus l'usage de leur raison. Les pauvres bénissent la main qui leur fait l'aumône, et forment mille vœux pour leur bienfaiteur ; au contraire, les gens dont je parle ne quittent la table où ils se sont enivrés et repus que pour lancer les quolibets les plus orduriers à la tête des époux, et apporter à ce jeu je ne sais quelle émulation diabolique : on dirait que les mariés sont des ennemis, tant leurs parents semblent faire assaut à qui profèrera sur leur compte les plus inconvenants sarcasmes ; c'est comme une bataille rangée : et cette lutte entre les invités a pour résultat de remplir l'époux et l'épouse de honte et de confusion.

Faut-il maintenant, dites-moi, chercher une autre preuve que ce sont les démons qui, agitant leurs âmes, leur font tenir cette conduite et ce langage ? Et qui donc pourrait contester, désormais, que ce soit l'impulsion du démon qui les incite à parler et à agir de la sorte ? Personne assurément, car ce sont bien là les rémunérations du diable : injures, ivresse, déraison. Si maintenant quelqu'un tire un présage de l'invitation adressée de préférence aux pauvres, et juge que ce serait entrer en ménage sous de fâcheux auspices, je veux lui apprendre à mon tour que ce n'est pas l'accueil fait aux pauvres et aux veuves, mais celui qu'on fait à des infâmes et à des prostituées qui présage des afflictions de tout genre et des milliers de maux. Plus d'une fois, en effet, ce jour même vit un jeune époux arraché à sa nouvelle famille par les mains d'une courtisane qui, du même coup, éteignit en lui tout amour pour son épouse, ruina l'harmonie du ménage, rompit ses liens avant qu'ils fussent formés, et y jeta les semences de l'adultère. Voilà ce que devraient craindre les parents, ne craignissent-ils rien autre chose ! et ce serait assez pour qu'on dût interdire l'accès des noces aux mimes et aux danseurs. Car le mariage n'a pas été institué dans l'intérêt de la débauche et de la fornication, mais dans celui de la chasteté. Voici du moins ce que dit Paul : *À cause des fornications, que chaque homme ait sa femme et chaque femme son mari.* En effet, il y a deux raisons pour lesquelles le mariage a été institué : c'est à savoir, afin que nous soyons chastes, et afin que nous devenions pères : mais de ces deux motifs, le plus important est celui de la chasteté. C'est du jour où s'est introduite la concupiscence que s'est introduit le mariage, qui coupe court à l'incontinence, et amène l'homme à se contenter d'une femme. Car pour la procréation, ce n'est point tant l'effet du mariage que de cette parole de Dieu qui dit : *Croissez et multipliez, et remplissez la terre.* (Gen. I, 28.) Témoins tant d'hommes qui ont usé du mariage et ne sont point devenus pères. En sorte que la raison dominante est celle de la chasteté, surtout aujourd'hui que notre espèce a couvert la terre habitable. Dans le principe, chacun devait désirer d'avoir des enfants, afin de laisser un souvenir et une trace de son existence. En effet, lorsqu'il n'y avait point encore d'espérances de résurrection, et que c'était le règne de la mort, et que les mourants pensaient être anéantis à l'issue de leur carrière terrestre, Dieu donna aux hommes cette consolation de la paternité, en sorte que ceux qui partaient se survécussent dans de vivantes images, que notre race se conservât, et que ceux qui allaient mourir aussi bien que leurs familles eussent dans leurs rejetons un sujet incomparable de soulagement.

Et pour vous faire bien comprendre que c'était ce motif surtout qui faisait désirer des enfants, je vous citerai la plainte de la femme de Job à son mari, dans leur adversité : *Voilà*, dit-elle, *que tout souvenir de toi a disparu de la terre, tes fils comme tes filles.* (Job, XVIII, 17.) Et de même Saül dit à David : *Jure-moi dans le Seigneur que tu n'extermineras pas ma race et mon nom après moi*. (I Rois, XXIV, 22.) Mais puisque désormais la résurrection nous attend à la porte, que la mort ne compte plus pour rien, que nous nous acheminons de cette vie vers une vie meilleure, tout soin de ce genre est superflu. En effet, si tu souhaites des enfants, il en est de bien meilleurs, de bien plus souhaitables, dont il ne tient qu'à toi d'être le père, maintenant qu'il existe des gestations spirituelles, des enfantements d'un ordre supérieur, et des bâtons de vieillesse d'une espèce plus précieuse. En conséquence, le mariage n'a qu'une fin, empêcher la fornication : et c'est pour ce mal qu'a été inventé ce remède. Mais si tu devais, même après le mariage, te laisser aller à la fornication, c'est en vain que tu aurais eu recours au mariage, c'est inutilement, c'est sans profit. Que dis-je ? ce n'est pas seulement pour rien, c'est plutôt pour ton malheur. En effet, la faute n'est point la même à commettre la fornication quand on n'a point de femme, et à y retomber après le mariage : dès lors ce n'est plus fornication, c'est adultère. Ce que je dis peut paraître étrange, c'est vrai pourtant.

4. Je le sais : beaucoup de gens s'imaginent qu'on ne se rend adultère que par la séduction d'une femme en puissance de mari. Et moi, je prétends que quiconque, étant marié, a des rapports coupables et illicites avec une femme, fût-ce une fille publique, une servante, une personne quelconque non mariée, commet un adultère. En effet, ce n'est pas seulement la personne déshonorée, c'est encore l'auteur de son déshonneur, dont la qualité constitue l'adultère. Et n'allez point, en ce moment, m'alléguer les lois du monde qui traînent les

épouses séduites devant les tribunaux et leur font subir un jugement, tandis qu'elles ne demandent point de comptes aux hommes mariés qu'ont débauchés des courtisanes. Moi, je vous lirai la loi de Dieu, qui sévit également contre l'homme et contre la femme, et les déclare pareillement adultères. Après ces mots : *Et que chaque femme ait son mari*, viennent les suivants : *Que le mari rende à sa femme l'affection qu'il lui doit.* (I Cor. VII, 3.) Que veut-il faire entendre par ces mots ? Qu'il faut avoir l'œil à ses revenus ? garder sa dot intacte ? lui fournir de riches vêtements ? une table somptueusement servie ? une suite brillante ? une nombreuse maison ? Que veux-tu dire ? quelle est cette affection que tu prescris ? Aussi bien toutes ces choses sont-elles des preuves d'affection. Rien de tout cela, répondra Paul : je ne prescris que la continence et la chasteté. La personne de l'époux n'appartient plus à l'époux, mais à l'épouse, qu'il lui garde donc intacte cette propriété, qu'il n'en dérobe rien, qu'il ne la dissipe point. En effet, on dit qu'un serviteur a de l'affection pour ses maîtres, lorsque, chargé de gérer leurs biens, il n'en laisse rien se perdre. Puis donc que la personne du mari est la propriété de l'épouse, l'homme doit montrer son affection en veillant bien sur ce dépôt. Et la preuve que tel est le sens de ces paroles de Paul : *Qu'il lui rende l'affection qui lui est due*, c'est qu'il ajoute aussitôt : *La femme n'a pas puissance sur son corps, c'est le mari ; de même le mari n'a pas puissance sur son corps, c'est la femme.* (I Cor. VII, 4.) Par conséquent, si vous voyez une courtisane vous tendre des pièges, chercher à vous attirer, s'éprendre de votre personne, dites-lui : Ce corps n'est pas à moi, mais à ma femme ; je ne puis en abuser, ni le livrer à une autre femme. Et que de son côté la femme agisse de même. En effet, sur ce point, les droits des deux sexes sont égaux. D'ailleurs, Paul accorde dans le reste une grande prééminence au mari, comme l'attestent ces paroles : *Que chacun de vous aime sa femme comme lui-même ; mais que la femme craigne son mari* (Éphés. V, 33) ; et ailleurs : *L'homme est le chef de la femme* et enfin : *La femme doit être soumise à son mari.* (Ib., 22.) De même dans l'Ancien Testament : *Ton recours est en ton mari, et il sera ton maître.* (Gen. III, 16.) Comment donc a-t-il pu établir sur ce point une réciprocité parfaite d'esclavage et de domination ? En effet, cette maxime : *La femme n'a pas puissance sur son corps, c'est le mari ; de même le mari n'a pas puissance sur son corps, c'est la femme,* annonce l'intention d'établir une complète égalité : et de même que l'homme est le maître du corps de la femme, de même la femme, à son tour, est maîtresse du corps de l'homme. D'où vient donc qu'il ait institué une égalité si parfaite ? C'est que dans tout le reste la prééminence est indispensable. Au contraire, dès qu'il y va de la continence et de la chasteté, l'homme n'a plus aucune prérogative à l'égard de la femme, et encourt le même châtiment, s'il vient à enfreindre les lois du mariage. Cela s'explique parfaitement. En effet, si ta femme est venue à toi, si elle a quitté son père, sa mère, et toute sa famille, ce n'est pas pour que tu l'outrages, pour que tu lui substitues une vile courtisane, pour qu'elle soit en butte à une guerre perpétuelle : tu l'as prise pour qu'elle fût ta compagne, ton associée, pour qu'elle fût libre, et jouît des mêmes droits que toi-même. N'est-il pas étrange que la dot qu'elle t'apporte soit l'objet de toute ta sollicitude, que tu évites soigneusement d'en rien distraire : et que ces trésors, bien plus précieux qu'une dot, je veux dire la continence et la chasteté, et ta propre personne, qui est sa propriété, tu les prodigues et les corromps ? S'il t'arrive de toucher à la dot, c'est à ton beau-père que tu rends tes comptes. Mais si tu attentes à la chasteté, c'est Dieu qui te les demandera, Dieu qui a institué le mariage, et de qui tu tiens ton épouse. Si vous en voulez une preuve, écoutez ce que dit Paul au sujet des adultères : *Celui qui méprise ces préceptes, méprise non pas un homme, mais Dieu, qui nous a donné son Esprit saint.* (I Thess. IV, 8.)

Voyez-vous combien les preuves abondent à l'appui de notre proposition qu'il y a adultère, non seulement quand on séduit une femme en puissance de mari, mais encore quand on a commerce avec une concubine quelconque, dès lors qu'on est marié ? En effet, de même que nous appelons la femme adultère, soit que son complice soit un valet ou tout autre, dès qu'elle est infidèle à son mari ; ainsi nous devons donner le même nom à tout homme infidèle à son épouse, fût-ce avec une courtisane, ou la première venue des femmes publiques. Veillons donc à notre salut, et ne livrons point notre âme au diable par ce péché. De là les ruines, de là les guerres sans fin dans les ménages ; par là fuit la tendresse, par là s'évanouit l'affection. En effet, s'il est impossible qu'un homme chaste dédaigne sa femme et la méprise jamais, il est également impossible qu'un homme livré à la débauche et à l'incontinence aime son épouse, quand bien même elle aurait des charmes incomparables. Considérez donc les autres femmes comme étant de pierre, dans la conviction qu'une fois marié, vous ne pouvez jeter un regard d'incontinence sur une autre femme, épouse ou fille publique, sans tomber sous le grief d'adultère. Répétez-vous chaque jour ces paroles au fond de vous-même ; et si vous voyez que la convoitise d'une autre femme est éveillée pour vous, et que cela vous fait trouver votre épouse déplaisante, entrez dans votre chambre, ouvrez ce livre, et par la médiation de Paul, par la vertu de ces paroles constamment répétées, éteignez cette ardeur.

Par là vous reprendrez de l'amour pour votre femme, en l'absence de toute passion qui diminue votre attachement pour elle ; et non seulement votre femme vous semblera plus aimable, mais vous paraîtrez vous-même bien plus digne de respect et de considération. Car il n'est rien, non, rien de plus vil qu'un homme marié qui tombe dans la fornication. Ce n'est point seulement devant son beau-père, devant ses amis, devant ceux qu'il rencontre, c'est devant ses propres serviteurs qu'il est forcé de rougir. Que dis-je ? ce n'est rien encore ; mais sa maison même lui paraît plus affreuse que le plus odieux cachot, parce que ses regards et son imagination sont constamment tournés vers la concubine qu'il aime.

5. Voulez-vous vous faire une juste idée de cette misère ? Considérez l'existence que mènent ceux qui soupçonnent leurs femmes, combien ce qu'ils mangent, combien ce qu'ils boivent leur paraît insipide. On dirait que leur table est chargée de poisons

mortels. Ils fuient comme la peste une maison où ils ne trouvent que chagrins. Plus de sommeil pour eux, plus de nuits tranquilles, plus de réunions d'amis ; les rayons mêmes du soleil ne luisent plus pour eux ; il n'est pas jusqu'à la lumière, dont ils ne se trouvent importunés, et cela, non seulement lorsqu'ils ont surpris leurs femmes en flagrant délit, mais sur un simple soupçon. Eh bien ! songez que ces souffrances sont également celles de votre femme, si elle vient à apprendre de quelqu'un, ou seulement à soupçonner que vous vous êtes abandonné à une concubine. Que cette pensée vous fasse éviter non seulement l'adultère, mais jusqu'au soupçon de ce crime ; que si votre femme vous soupçonne injustement, calmez-la, persuadez-la. Car ce n'est point par haine ou par déraison, c'est par sollicitude qu'elle agit de la sorte, c'est par un excès de crainte pour sa propriété. Car, ainsi que je l'ai déjà dit, votre corps est sa propriété, et une propriété plus précieuse que tout ce qui lui appartient d'ailleurs. Craignez donc de commettre à son égard la plus grande des injustices, craignez de lui porter le coup mortel. Si vous la méprisez, à tout le moins, redoutez le Seigneur, qui punit les adultères, le Seigneur qui a prononcé contre les fautes de ce genre les plus terribles arrêts. Car pour cette classe de coupables, ainsi qu'il est écrit : *Le ver ne mourra point et le feu ne s'éteindra pas*. (Marc, IX, 47.)

Mais si vous vous mettez peu en peine de l'avenir, que le présent du moins vous épouvante. En effet beaucoup d'hommes après s'être livrés à des courtisanes ont succombé justement et misérablement aux intrigues dont les avaient circonvenus ces prostituées, jalouses de les détacher de leur constante et légitime épouse, et de les enchaîner complètement à leur propre amour ; elles mettent en œuvre les sortilèges, préparent des philtres, organisent mille enchantements, et souvent, par là, causent à leurs amants d'accablantes infirmités, les jettent dans la langueur et dans la consomption, les précipitent dans un abîme de maux où ils trouvent la fin de leur vie terrestre. Si tu ne crains pas la géhenne, toi qui m'entends, redoute les enchantements de ces femmes. Lorsque par ton incontinence tu t'es privé de l'appui du Seigneur, quand tu t'es dépouillé toi-même de sa céleste protection, c'est alors que ta concubine, te trouvant sans appui, peut impunément, avec l'aide de ses démons qu'elle invoque, des amulettes qu'elle fabrique, des embûches qu'elle dresse ; c'est alors, dis-je, qu'elle peut sans nulle peine consommer ta perte, après avoir fait de toi un objet d'opprobre et de risée pour toute la ville, au point qu'il ne te reste plus même la consolation d'être plaint. Car il est écrit : *Qui donc aura pitié de l'enchanteur mordu par un serpent et de tous ceux qui approchent des bêtes féroces ?* (Eccli. XII, 13.)

Je passe sous silence les pertes d'argent, les défiances quotidiennes, l'arrogance, l'orgueil, l'insolence dont les courtisanes accablent leurs folles victimes, supplice mille fois plus douloureux que la mort. Tu ne supportais pas de ta femme une parole un peu vive, et tu courbes la tête sous les soufflets d'une prostituée. Et tu ne sens point de honte, tu ne rougis pas, tu ne souhaites pas que la terre s'entr'ouvre pour t'engloutir ? Comment oseras-tu venir à l'église, et élever les mains vers le ciel ! Comment invoquer Dieu avec cette bouche souillée par les baisers d'une courtisane ? Et tu n'as pas peur, tu ne trembles pas, dis-moi, que la foudre, tombant du ciel, n'embrase ce front sans pudeur ? Tu as pu cacher à ta femme ta trahison, mais tu ne la cacheras pas à l'œil qui ne s'endort point ; car, à cet adultère qui disait : *Les ténèbres et des murs m'entourent ; qu'ai-je à craindre ?* Le Sage a répondu que *les yeux du Seigneur ont mille fois plus de lumière que le soleil, pour regarder les œuvres des hommes.* (Eccli. XXIII, 26, 28.) Voilà pourquoi Paul a dit toutes ces choses : *Que chaque homme ait sa femme, et chaque femme son mari ; que le mari rende à sa femme l'affection qu'il lui doit, et pareillement la femme à son mari.* (I Cor. VII, 2, 3.) *Un miel découle des lèvres de la courtisane, lequel, sur le moment, flatte ton gosier ; mais plus tard tu le trouveras plus amer que le fiel, et plus acéré qu'un glaive à deux tranchants.* (Prov. V, 3, 4.)

Il y a du poison dans le baiser de la courtisane, un poison secret et dissimulé. Pourquoi donc courir après un plaisir réprouvé, pernicieux, qui cause des plaies incurables, au lieu de vivre dans le bonheur et dans la sécurité ? Auprès de ta femme légitime, tu trouves à la fois plaisir, sûreté, délassement, respect, considération et bonne conscience ; là, au contraire, tout est amertume, tout est dommage, et tu es sous le coup d'une accusation perpétuelle. Car, à supposer même que personne ne t'ait vu, ta conscience ne cessera de porter témoignage contre toi ; vers quelque lieu où tu t'échappes, partout te suivront les reproches, les cris formidables de cet implacable accusateur. Si donc vous recherchez le plaisir, fuyez le commerce des courtisanes. Car il n'y a rien de plus pénible que cette fréquentation, rien de plus intolérable que ces rapports, rien de plus infâme que cette société. *Qu'elle soit ta biche la plus chère, ton faon de prédilection ; que ta fontaine soit la source où tu puises.* (Prov. V, 19 et 15.) Quand tu as sous la main une source d'eau limpide ; pourquoi courir à un marais fangeux qui exhale l'odeur de la géhenne et des inexprimables tourments ? Quelle est ton excuse ? ton titre à la miséricorde ? Si ceux qui, tombent dans la fornication avant le mariage sont punis et expient leur faute, comme celui, qui était revêtu d'habits sordides, à plus forte, raison les fornicateurs mariés. Car, dans ce cas, le grief est double et triple, et parce que, les consolations dont ils jouissent ne les ont pas empêchés de se jeter dans de pareils désordres, et parce que leur crime n'est plus compté seulement pour fornication, mais encore pour adultère, ce qui est le plus grave des péchés.

Ne cessons donc point de nous répéter à nous-mêmes et de répéter à nos femmes ces maximes ; et c'est pourquoi je veux finir moi-même sur ces paroles : *À cause de la fornication, que chaque homme ait sa femme, et chaque femme son mari. Que le mari rende à sa femme l'affection qui lui est due, et pareillement la femme à son mari. La femme n'a pas puissance sur son corps ; c'est le mari. De même, le mari n'a pas puissance sur son corps, c'est la femme.* Conservons précieusement ces paroles dans notre mémoire ; sur la place publique, à la maison, le jour, le soir, à table, au lit, partout enfin ; méditons-les, habituons nos femmes à nous les citer, à se les entendre citer par nous, afin qu'ayant passé chastement, la vie présente, nous

soyons admis au royaume des cieux, par la grâce et
la charité de Notre-Seigneur Jésus-Christ, par qui et
avec qui, gloire au Père et au Saint-Esprit, dans les
siècles des siècles.

Ainsi soit-il.

DEUXIÈME HOMÉLIE.

LA FEMME EST LIÉE À LA LOI AUSSI LONGTEMPS QUE VIT SON MARI ; QUE SI SON MARI S'ENDORT, ELLE EST LIBRE DE SE MARIER À QUI ELLE VOUDRA, MAIS SEULEMENT DANS LE SEIGNEUR. CEPENDANT ELLE SERA PLUS HEUREUSE SI ELLE DEMEURE COMME ELLE EST. (I COR. VII, 39, 40). ET DE L'ACTE DE RÉPUDIATION.

Analyse.

1° Qu'il est défendu d'épouser une femme répudiée. — Les lois du monde ne peuvent prévaloir contre la loi divine.

2° Motifs de la loi mosaïque concernant la répudiation. — Transition à la loi nouvelle.

3° Adultère de l'homme qui épouse une femme répudiée. — Adultère de l'homme marié qui commet la fornication avec une femme quelconque.

4° Sagesse de Paul : sa condescendance pour la faiblesse humaine. — Compensations attachées même, en ce monde, à la constance dans le veuvage.

5° Comment s'opère la purification de l'âme. — Exhortation.

1. L'autre jour, le bienheureux Paul nous formulait la loi du mariage, et nous en exposait les vrais principes ; vous avez entendu ce qu'il écrivait, ce qu'il disait aux Corinthiens : *Quant aux choses dont vous m'avez écrit, il est avantageux à l'homme de ne toucher aucune femme. Mais, à cause de la fornication, que chaque homme ait sa femme, et chaque femme son mari.* (I Cor. VII, 1, 2.) Aussi avons-nous consacré nous-même tout l'entretien à ces paroles. Or aujourd'hui il faut encore que nous revenions sur le même sujet puisque Paul nous en parle encore aujourd'hui. En effet, vous avez entendu avec quelle force il nous crie : *La femme est liée à la loi aussi longtemps que vit son mari ; que si son mari s'endort, elle est libre de se marier à qui elle voudra, mais seulement, selon le Seigneur. Cependant elle sera plus heureuse si, selon mon conseil, elle demeure comme elle est : or, je pense que, j'ai, moi aussi, l'Esprit dit Seigneur.* (I Cor. VII, 39, 40.) Attachons-nous donc à ses pas encore aujourd'hui, et entretenons-nous de ce sujet ; car en marchant sur la trace de Paul, c'est vraiment le Christ que nous suivrons en sa personne, puisque l'Apôtre a écrit constamment, non par lui-même, mais sous la dictée du Seigneur. En effet, ce n'est pas une affaire de peu d'importance qu'un mariage selon les règles ; et mille infortunes attendent ceux qui n'en usent point comme il convient. La femme, qui est une auxiliaire, devient parfois un ennemi secret. Le mariage, qui est un port, peut aussi devenir un écueil, non en vertu de sa nature propre, mais par la faute de ceux qui ne savent pas en faire un bon usage. En effet, l'époux qui se conforme aux lois conjugales trouve dans sa maison, dans sa femme,

une consolation, un asile contre tous les maux, publics ou autres, qui peuvent le frapper. Au contraire, celui qui traite légèrement et sans réflexion, cette seule affaire, quand la place publique serait pour lui sans orages, ne verra plus en rentrant chez lui que récifs et rochers dangereux. Il faut donc, puisqu'il y va pour nous de si grands intérêts, apporter une grande attention à ces paroles ; il faut que celui qui veut prendre femme commence par se conformer en cela aux lois de Paul, disons mieux, aux lois du Christ. Je le sais, ce précepte paraît nouveau et extraordinaire à un bon nombre. Je ne me tairai point pour cela, mais, après vous avoir lu d'abord la loi, je m'efforcerai ensuite de lever la contradiction qu'on croit y trouver. Quelle est donc la loi que Paul nous impose ? *La femme*, dit-il, *est liée à la loi* ; donc, tant que son mari est en vie, elle ne doit pas s'en séparer, ni prendre un autre époux, ni convoler en secondes noces. Et voyez avec quelle exactitude, avec quelle justesse de termes il s'exprime ! Il ne dit pas : Elle doit habiter avec son mari tant qu'il est en vie ; mais bien, la femme est liée à la loi aussi longtemps que vit son mari, de telle sorte que, à supposer même que son mari lui ait donné un acte de répudiation, qu'elle ait alors quitté la maison et soit allée habiter chez un autre, elle est liée à la loi, elle est coupable d'adultère.

Si donc le mari veut renvoyer sa femme, ou la femme quitter son mari, il faut que celle-ci se rappelle ce précepte, qu'elle se représente Paul la suivant et lui criant aux oreilles : La femme est liée à la loi. Ainsi que les serviteurs fugitifs traînent encore leur chaîne derrière eux après s'être évadés de la maison de leur maître, ainsi les femmes, même après qu'elles ont quitté leur mari, restent enchaînées par la loi qui les condamne, qui les accuse d'adultère, elles et leurs complices. Ton époux vit encore, dit-elle, et ton acte est un adultère. *Car la femme est liée à la loi aussi longtemps que vit son, mari. Et, quiconque épouse une femme répudiée commet un adultère.* (Matth. V, 32.) Mais, quand donc, dira-t-on, lui sera-t-il permis de convoler en secondes noces ? — Quand ? lorsqu'elle sera délivrée de sa chaîne, lorsque son époux sera mort. Cependant voulant exprimer cela, il n'a pas dit si son mari meurt, elle est libre d'épouser qui elle voudra, mais si son mari s'endort, comme s'il voulait consoler la femme en son veuvage, et lui persuader de s'en tenir à son premier époux, de n'en pas prendre un second. Ton mari n'est pas mort, il dort seulement. Qu'est-ce qui n'attend pas un homme endormi ? Voilà pourquoi il dit : *S'il s'endort, elle est libre de se marier à qui elle voudra.* Il n'a pas dit qu'elle se marie, pour ne point paraître la forcer, la contraindre. Il ne l'empêche pas de contracter, si elle le veut, un second mariage, il ne l'y engage pas si elle ne le veut point ; il se borne à lui lire la loi : *Elle est libre de se marier à qui elle voudra.* Mais, en disant qu'elle est devenue libre par la mort de son mari, il montre qu'avant cela, et de son vivant, elle était esclave ; or, tant qu'elle est esclave et soumise à la loi, quand même elle aurait reçu mille actes de répudiation, elle tombe sous le coup de la loi qui concerne l'adultère. Les serviteurs peuvent quitter leurs maîtres pour d'autres du vivant des premiers, mais les femmes ne peuvent changer de maris tant que leur premier époux est en vie, car c'est un adultère. Ne viens donc pas me lire les lois qui sont à l'usage du monde, les lois qui prescrivent de donner un acte de répudiation, et de divorcer ensuite. Car ce n'est point d'après ces lois-là que Dieu doit te juger au grand jour, mais d'après celles que lui-même a promulguées. Que dis-je ? les lois mêmes du siècle n'établissent point cela d'une manière absolue, ni comme article principal ; elles-mêmes punissent ce péché, ce qui témoigne assez qu'elles le réprouvent. Elles dépouillent de tous ses biens et chassent, sans lui laisser de ressources, l'épouse qui a mérité d'être congédiée, et punissent de la perte de sa fortune celui qui a été l'occasion du divorce ; et certes, si elles statuent ainsi sur ce fait, c'est qu'elles ne l'approuvent point.

2. Et Moïse ? il a statué de même pour un pareil motif ; mais écoutez ce que dit le Christ : *Si votre justice n'est pas plus abondante que celle des Scribes et des Pharisiens, vous n'entrerez point dans le royaume des cieux.* (Matth. V, 20.) Écoutez encore cette autre parole : *Quiconque renvoie sa femme, hors le cas d'adultère, la rend adultère ; et quiconque épouse une femme renvoyée commet un adultère.* (Ib., 32.) Si le Fils unique de Dieu est venu sur la terre, s'il a pris la forme d'un esclave, s'il a versé son précieux sang, s'il a détruit la mort, s'il a éteint le péché, s'il a répandu plus libéralement le bienfait de l'Esprit, c'est pour vous initier à une sagesse plus profonde. Et d'ailleurs, si Moïse a porté cette loi, ce n'est point comme une loi fondamentale ; c'est parce qu'il était forcé de condescendre à la faiblesse des siens. Les voyant prêts au meurtre, accoutumés à souiller leurs foyers du sang des, leurs, à n'épargner ni pa-

rents ni étrangers, et craignant qu'ils n'égorgeassent leurs femmes, s'ils étaient forcés de les garder contre leur gré, il leur a permis de les renvoyer, afin d'empêcher un mal plus grand, les meurtres multipliés. Ce qui prouve que les Juifs étaient homicides, ce sont ces paroles des prophètes eux-mêmes : *Édifiant Sion dans le sang, et Jérusalem dans les iniquités* (Mich. III, 10) ; et encore : *Ils mêlent le sang au sang* (Osée, VI, 2) ; et ailleurs : *Vos mains sont pleines de sang.* (Isaïe, I, 15.) Et ce n'est pas seulement contre les étrangers, c'est encore contre leurs proches que se déchaînait leur fureur, comme le montrent ces mots du Prophète : *Et ils ont immolé leurs fils et leurs filles aux démons* (Ps. CV, 37) ; or ceux qui n'épargnaient pas leurs enfants n'auraient pas davantage épargné leurs femmes. C'est donc afin d'empêcher cela qu'il accorda cette permission ; aussi le Christ, lorsque les Juifs lui demandèrent : *Comment donc Moïse a-t-il permis de donner à sa femme un acte de répudiation ?* voulant montrer que la loi de Moïse ne contredisait point la sienne, répondit à peu près en ces termes : *Moïse a parlé ainsi à cause de la dureté de vos cœurs ; mais au commencement il n'en fut pas ainsi ; Celui qui fit l'homme au commencement les fit mâle et femelle.* (Matth. XIX, 8 et 4.) Si cela était honnête, veut-il dire, Dieu n'aurait pas fait un homme et une femme seulement ; après avoir fait un seul homme, Adam, il aurait créé deux femmes, pour le cas où celui-ci aurait voulu renvoyer l'une et prendre l'autre ; mais, par le mode même de sa création, il a établi la loi que je promulgue maintenant. Quelle est donc cette loi ? c'est que l'homme conserve jusqu'à la fin la femme qui lui est échue d'abord ; cette loi-ci est plus ancienne que l'autre, et cela, de toute la distance qui sépare Adam de Moïse. Par conséquent je n'innove point, je n'introduis point de dogmes étrangers, mais des dogmes anciens et antérieurs à Moïse.

Mais il faut entendre la loi même de Moïse sur ce sujet : *Si quelqu'un*, dit-il, *a pris une femme et qu'il ait habité avec elle ; si elle ne trouve pas grâce devant lui, parce qu'il aura trouvé en elle un fait d'ignominie, il lui écrira un acte de répudiation, et le lui donnera entre les mains.* (Dent. XXIV, 1.) Voyez ! Il n'a pas dit qu'il écrive, qu'il lui donne : que dit-il donc ? *Il lui écrira un acte de répudiation et le lui donnera entre les mains.* C'est bien différent. En effet, dire qu'il écrive, qu'il donne, c'est un ordre, une injonction. Mais dire : *Il écrira un acte de répudiation, et le lui donnera entre les mains,* c'est annoncer un fait, et non pas introduire une loi qu'on a imaginée. *Si quelqu'un*, dit-il encore, *a congédié sa femme, et l'a renvoyée de sa maison, et qu'après l'avoir quitté elle ait appartenu à un autre homme, et que ce dernier homme aussi l'ait prise en haine, et qu'il lui ait écrit un acte de répudiation, et qu'il le lui ait remis entre les mains, et qu'il l'ait renvoyée de sa maison, ou que l'homme soit mort qui l'avait prise pour femme, l'homme qui l'aura précédemment renvoyée ne pourra la rappeler et la prendre pour épouse.* (Ib. V, 2-4.) Ensuite, voulant montrer qu'il n'approuve pas cette conduite, que ce n'est pas ainsi qu'il entend le mariage, et qu'il ne fait que condescendre à la faiblesse des Juifs, après ces mots : *L'homme qui l'aura précédemment renvoyée ne pourra la prendre pour femme,* il ajoute : *Après qu'elle aura été souillée* (Ib. V, 4) : façon de parler qui indique suffisamment que ce second mariage, contracté du vivant du premier époux, est une souillure plutôt qu'un mariage. Voilà pourquoi il n'a pas dit : Après qu'elle se sera remariée. Voyez-vous comme ses paroles concordent avec celles du Christ ? Après cela, il ajoute la raison : *Parce que c'est une abomination devant Dieu.* (Ib. V, 4.) Voilà pour ce qui regarde Moïse. Mais le prophète Malachie indique la même chose bien plus' explicitement, ou plutôt ce n'est point Malachie, c'est Dieu par la bouche de Malachie ; et voici ses paroles : *Est-il convenable de jeter les yeux sur votre sacrifice, ou d'agréer quelque chose sortant de vos mains ?* (Malach. II, 13.) Puis, après la réponse : *Pourquoi as-tu abandonné la femme de ta jeunesse ?* (Ib. 14.) Enfin, faisant voir l'énormité de cette faute, et refusant toute miséricorde à celui qui l'a commise, il renforce encore l'accusation par ce qu'il ajoute : *Et celle-ci était ta compagne, et la femme de ton pacte, et le reste de ton esprit, et ce n'est pas une autre qui l'a faite.* (Ib.) Voyez que de titres il allègue ! d'abord l'âge, *la femme de ta jeunesse* ; puis l'intimité : *Et celle-ci était ta compagne* ; puis le mode de création : *Le reste de ton esprit.*

3. Mais à la suite de tout cela, vient quelque chose de bien plus considérable, la majesté de celui qui l'a faite. Car c'est là ce que signifie : ce n'est pas *un autre qui l'a faite.* Tu ne peux objecter, veut-il dire, que tu as été fait par Dieu, tandis qu'elle n'a pas été faite par lui, mais par quelque être inférieur ; c'est un même et unique créateur qui vous a donné l'existence à tous deux ; de telle sorte que, par égard pour ce titre, sinon pour les autres, tu dois lui garder ta tendresse. En effet, si l'on voit souvent des

esclaves, après une querelle, se réconcilier par cette seule raison qu'ils doivent obéissance à un seul et même maître, à plus forte raison doit-il en être ainsi de nous, quand nous n'avons, à nous deux, qu'un créateur et qu'un maître.

Vous voyez comment l'Ancien Testament lui-même prélude déjà, pour ainsi dire, aux règles de la nouvelle sagesse. En effet, lorsque les Juifs vivaient depuis longtemps sous l'ancienne loi ; qu'il fallait les amener à des préceptes plus parfaits, que leur constitution approchait déjà de sa fin, dès lors le prophète, profitant des circonstances, les achemine à cette nouvelle sagesse. Obéissons donc à cette belle loi, affranchissons-nous de tout ce qui nous déshonore, interdisons-nous et de renvoyer nos femmes, et de recevoir celles que d'autres auront renvoyées. Et de quel front, verras-tu le mari de cette femme ? de quel œil les amis de cet homme, ses serviteurs ? Si celui qui épouse la femme d'un mort éprouve un sentiment de peine et de dépit pour peu qu'il ait vu l'image du défunt, quelle sera l'existence de celui qui aura sous les yeux l'époux, encore vivant, de sa femme ? Dans quelles dispositions rentrera-t-il chez lui ? Avec quels sentiments, avec quels yeux verra-t-il cette femme d'un autre qui est devenue la sienne ?

Mais plutôt ne l'appelons ni l'épouse d'un autre ni la sienne ; une prostituée n'est la femme de personne. Elle a foulé aux pieds le pacte qui l'unissait à son premier mari ; et elle est venue à toi sans l'aveu des lois qui l'obligeaient. Quelle folie ne serait-ce pas d'introduire chez vous un si dangereux fléau ? Est-ce qu'il y a disette de femmes ? Pourquoi, lorsqu'il y en a tant que nous pouvons épouser sans enfreindre les lois ni porter le trouble dans nos consciences, courons-nous à celles qui nous sont interdites, pour causer la ruine de nos maisons, y introduire la guerre civile, exciter de toutes parts des haines contre nous, déshonorer notre propre vie, et, ce qui est bien plus terrible que tout le reste, nous préparer une punition sans appel au jour du jugement ? En effet, que répondrons-nous à celui qui doit nous juger, quand, après avoir mis la loi sous nos yeux et l'avoir lue, il nous dira : Je t'ai enjoint de ne pas prendre une femme renvoyée, ajoutant que cette action est un adultère. Comment donc as-tu osé contracter un mariage défendu ? que dire alors et que répondre ? Il ne s'agira point là-bas d'alléguer les décrets des législateurs du siècle : muets, enchaînés, il faudra nous voir emmener au feu de la géhenne avec les adultères et ceux qui n'ont pas respecté chez les autres les droits du mariage. Car celui qui a répudié sauf le motif indiqué, celui d'adultère, et celui qui épouse une femme répudiée, du vivant de son mari, sont punis pareillement, ainsi que la femme répudiée. Je vous avertis donc, je vous prie et vous conjure, hommes, de ne point renvoyer vos femmes, femmes, de ne point quitter vos maris, mais de prêter l'oreille à la parole de Paul : *La femme est liée à la loi aussi longtemps que vit son mari ; que si son mari s'endort, elle est libre de se marier à qui elle voudra, mais seulement selon le Seigneur.*

En effet, quelle indulgence peuvent espérer ceux qui, lorsque Paul autorise les secondes noces après la mort de l'époux, et donne de si grandes facilités, osent passer outre avant cette époque ? Quelle excuse reste-t-il, soit à ceux qui, épousent les femmes d'hommes vivants, soit aux hommes mariés qui fréquentent les filles publiques ? Car c'est encore une espèce d'adultère d'avoir commerce avec des courtisanes, quand on a une femme à soi. Et de même que la femme mariée, si elle se livre à un homme, libre ou esclave, qui soit célibataire, n'en tombe pas moins sous le coup de la loi qui concerne l'adultère, de même le mari quand bien même il pèche avec une fille publique ou avec toute autre femme non mariée est réputé coupable du même crime. Fuyons donc aussi cette forme de l'adultère. En effet, qu'aurons-nous à dire, à alléguer après une pareille faute ? Quel prétexte spécieux pourrons-nous produire ? Les appétits de la nature ? Mais la femme qui nous est échue est là, près nous, et nous ôte ce moyen de défense. Si le mariage a été institué, c'est pour prévenir la fornication. Mais ce n'est pas seulement la femme, ce sont tant d'autres créatures d'une nature pareille à la nôtre qui nous interdisent cet appel à l'indulgence. Lorsque ton compagnon d'esclavage, dont le corps ressemble au tien, dont les passions sont les tiennes, dont les besoins ne diffèrent point de ceux qui te poussent, ne jette les yeux sur aucune autre femme que la sienne et lui reste fidèle en quoi les passions que tu allègues pourront-elles servir ta justification ? Et encore je ne parle que des hommes mariés. Mais songe un peu à ceux qui passent leur vie tout entière dans le célibat, qui n'ont jamais connu le mariage et se sont montrés parfaitement chastes. Quand d'autres sont chastes sans être mariés, quelle miséricorde obtiendras-tu, toi qui vis, étant marié, dans la fornication ?

Hommes et femmes, veuves et les épouses, écoutez tous ces paroles : car c'est à tout le monde que s'adressent Paul et la loi qui dit : *La femme est liée à la loi aussi longtemps que vit son mari ; que si son mari s'endort, elle est libre de se marier à qui elle voudra, mais seulement selon le Seigneur.* Les épouses, les filles, les veuves, les femmes remariées, toutes enfin ont profit à tirer de ces paroles. L'épouse ne voudra pas, du vivant de son mari, être à un autre, sachant qu'elle est liée tant que son époux est en vie. Celle qui, après avoir perdu son mari, voudra convoler en secondes noces, ne formera pas cette union à la légère ni sans réflexion, mais elle se conformera aux lois de Paul qui dit : *Elle est libre de se marier à qui elle voudra, mais seulement selon le Seigneur,* c'est-à-dire suivant les règles de la pudeur et de la chasteté. Que si par hasard elle préfère demeurer fidèle à ses engagements envers le défunt, elle apprendra quelles couronnes lui sont réservées, et sera encouragée par là dans sa résolution ; car *elle sera plus heureuse, dit Paul, si elle demeure comme elle est.*

4. Voyez-vous comment ce langage est profitable à tous, en ce que d'une part il condescend à la faiblesse de certaines femmes, tandis qu'il ne frustre pas les autres des éloges qui leur sont dus ? Paul, au sujet du premier et du second mariage, tient ici la même conduite qu'à l'égard du mariage et de la virginité. Il n'interdit point le mariage, de peur de surcharger les faibles ; il n'en fait point non plus une obligation, afin de ne point priver de leurs futures couronnes ceux qui préfèrent garder leur virginité ; mais il montre d'un côté que le mariage est une belle chose, et, de l'autre, fait voir que la virginité

est encore préférable. De même, dans cette nouvelle matière, il pose encore des degrés ; il nous montre qu'il y a plus de grandeur et d'excellence dans le veuvage, mais qu'à la seconde place et à un rang plus bas viennent les secondes noces ; de cette façon, il augmente la vigueur des forts, de ceux qui veulent rester où ils sont, tout en prévenant la chute des faibles. Car, après qu'il a dit : *Cependant elle est plus heureuse si elle demeure comme elle est*, de peur que vous ne voyiez là une loi humaine, en l'entendant dire : *selon mon conseil*, il ajoute : *Or, je pense que j'ai, moi aussi, l'Esprit du Seigneur*. Ainsi vous ne pouvez dire que ce soit là la pensée d'un homme : c'est une révélation due à l'Esprit, c'est une loi divine. N'allons donc pas croire que c'est Paul qui nous parle ainsi : c'est le Paraclet qui promulgue cette loi à notre usage. Que s'il dit *je pense*, ce n'est point par ignorance qu'il parle ainsi, mais par modestie et par humilité. Il dit donc que la femme sera plus heureuse dans le veuvage ; mais comment sera-t-elle plus heureuse ? c'est ce qu'il ne dit pas, parce qu'il a donné une preuve suffisante en montrant que c'est l'Esprit qui lui a dicté son affirmation. Voulez-vous maintenant vérifier cela par la réflexion ? Les preuves ne vous manqueront point, et vous trouverez que la veuve est plus heureuse, non seulement dans l'éternité d'outre-tombe, mais encore dans la vie présente. Paul savait parfaitement cela, lui qui fit entendre la même chose encore en parlant des vierges. Voulant recommander et conseiller la virginité, il s'exprime à peu près en ces termes : *Je pense qu'il est avantageux à l'homme d'être ainsi à cause de la nécessité pressante*. (I Cor. VII, 26.) Et ailleurs : *Si une vierge se marie, elle ne pèche pas.* (Ibid. V, 28.) Par ce mot : *vierge,* il entend ici non point celle qui a renoncé, mais seulement celle qui n'est point mariée, sans s'être assujettie par un vœu à l'obligation d'une virginité perpétuelle. *Toutefois ces personnes auront les tribulations de la chair ; pour moi, je voudrais vous les épargner.* (Ibid.)

Par cette seule et simple parole, il laisse aux auditeurs à repasser dans leur âme les maux de l'enfantement, les soins de la maternité, les inquiétudes, les maladies, les morts prématurées, les brouilles les querelles, l'obéissance à mille caprices, la responsabilité des fautes d'autrui, les chagrins sans nombre appesantis sur une seule âme. Elle échappe à tous ces maux, celle qui fait choix de la continence, et, outre l'exemption de ces ennuis, une magnifique récompense lui est réservée dans la vie future. Tâchons donc, nous qui savons tout cela, de nous en tenir au premier mariage. Que si néanmoins nous avons le dessein d'en contracter un second, que ce soit suivant les formes et les règles prescrites, suivant les lois de Dieu. Voilà pourquoi Paul a dit : *Elle est libre de se marier à qui elle voudra,* et, tout de suite après : *mais seulement selon le Seigneur.* Par là, en même temps qu'il donne une permission, il la protège contre l'abus ; en même temps qu'il accorde une faculté, il la circonscrit entre les limites des lois dont il l'enceint de toutes parts ; de sorte que, par exemple, la femme n'introduise point dans la maison des hommes dissolus et sans mœurs, des histrions, des fornicateurs ; mais qu'elle observe les règles de la pudeur, de la chasteté, de la piété, afin que toutes choses tournent à la gloire de Dieu. C'est parce qu'on avait vu souvent des femmes, rendues libres par la mort de leurs époux, lesquelles, précédemment adultères, persistaient, en s'unissant à d'autres, dans ce genre de liaison, et imaginaient d'autres pratiques abominables ; c'est pour cela, dis-je, que Paul ajoute : *Mais seulement dans le Seigneur.* Cela, afin que le second mariage n'offre rien de pareil : car, à cette condition seule, il pourra être innocent. En effet, le mieux est d'attendre le mort, de rester fidèle à ses engagements envers lui, de garder la continence, de rester auprès des enfants qu'il a laissés, et de mériter ainsi une plus abondante part dans les bontés de Dieu. Si l'on veut cependant s'unir à un second époux, que ce soit suivant les règles de la chasteté, de la pudeur, suivant les lois établies ; car cela est permis, il n'y a d'interdit que la fornication et l'adultère.

Fuyons donc ces crimes, que nous soyons ou non mariés ; ne déshonorons point notre vie, n'exposons point notre existence au mépris, ne souillons point notre corps, n'introduisons aucun remords dans notre conscience. Et comment oserais-tu entrer dans l'église en sortant de chez les prostituées ? Comment élever au ciel ces mêmes bras dont tu étreignais une courtisane, comment remuer cette langue, comment prononcer une invocation avec cette bouche qui touchait ses lèvres ? De quel œil regarderas-tu ceux de tes amis qui ont quelque pudeur ? Que dis-je ? tes amis ! Quand bien même personne ne connaîtrait ta faute, c'est devant toi surtout qu'il te faudra rougir de confusion, et rien ne t'inspirera plus de dégoût que ton propre corps. Sinon pourquoi courir au bain après ce péché ?

N'est-ce point que tu te juges toi-même plus impur que le plus immonde bourbier ? Quelle autre preuve plus convaincante veux-tu de l'impureté de ton action et quel verdict dois-tu attendre du Seigneur quand toi-même, toi, le coupable, tu portes pareil jugement sur ta conduite ?

Ils ont raison de se trouver impurs ; c'est pourquoi je les blâme et les accuse. Si la souillure était corporelle, c'est avec raison que vous chercheriez à vous en purifier par le bain ; mais c'est votre âme que vous avez souillé que vous avez rendue impure : cherchez donc un moyen de purification qui soit propre à laver sa tache. Or, quel est le bain qui convient pour un tel péché ? Un torrent de larmes brûlantes, des gémissements sortis du fond de poitrine, une perpétuelle componction, des prières assidues, des aumônes, d'abondantes aumônes, le repentir du péché commis, l'attention à n'y point retomber : c'est ainsi que se lave le péché, c'est ainsi que l'âme se purifie de ce qui la souille. Si nous négligeons ces moyens, c'est en vain que nous traverserions le courant de tous les fleuves : nous n'y laisserions pas la moindre parcelle de notre péché. Le mien sans doute, est de ne plus s'exposer à commettre cet abominable péché. Mais si par hasard le pied nous a manqué, employons ces remèdes, après avoir fait vœu d'abord de ne point retomber dans la même faute. Car, si au moment du péché nous condamnons ce que nous venons de faire, et qu'ensuite nous recommencions, c'est en vain que nous aurons voulu nous purifier. Se baigner pour retourner ensuite à se rouler au même bourbier, détruire ce qu'on a édifié, et réédifier ensuite, cela ne sert à rien qu'à perdre son temps et sa peine. Et nous, notre côté, si nous ne voulons prodiguer inutilement notre vie, purifions-nous de nos péchés précédents, et passons tout le reste de notre vie dans la chasteté, dans la réserve, dans toutes les vertus enfin : afin qu'ayant Dieu favorable, nous obtenions le royaume des cieux, par grâce et la charité de Notre-Seigneur Jésus-Christ, auquel gloire dans les siècles des siècles.

Ainsi soit-il.

TROISIÈME HOMÉLIE.

SUR LE CHOIX D'UNE ÉPOUSE.

Analyse.

Le titre ci-dessus annonce le véritable sujet de cette homélie. Les mots : Éloge de Maxime, *dont on le fait précéder généralement, nous ont paru devoir être supprimés : outre qu'ils manquent dans deux manuscrits, il n'est question de Maxime que dans le premier paragraphe du discours ; c'est tout à fait accidentellement, comme on le verra, que saint Jean Chrysostome fait l'éloge de son collègue avant d'entrer en matière.*

1° Éloge de Maxime, collègue de saint Jean Chrysostome.

2° Que le repentir est une partie de la justification.

3° Entrée en matière : Longues réflexions qu'exige le mariage.

4° Les lois du mariage sont écrites chez saint Paul. — De l'amour qu'on doit à son épouse

5° La patience, obligation du mari.

6° Comparaison entre Ève et l'Église.

7° Qu'il faut préférer sa femme à ses parents.

8° Destination de la femme : elle doit être l'auxiliaire de son époux. — Contre les mariages d'argent. — But de l'institution du mariage.

9° Exemple tiré du mariage d'Isaac. — Commentaire sur le récit de l'Écriture sainte. — Abraham proposé comme exemple aux parents, Rébecca, aux vierges et aux jeunes femmes...

10° Exhortation aux parents et aux jeunes gens à marier.

1. J'ai manqué à votre précédente réunion, et j'en ai été fâché : mais le festin n'en a été que plus somptueux et je m'en suis réjoui. Celui qui partage avec moi le soin de cultiver vos âmes est celui qui l'autre jour a ouvert le sillon : sa riche éloquence a versé la graine ; son infatigable sollicitude a fait l'œuvre du laboureur. Vous avez vu la pureté de ce langage, vous avez ouï l'élégance de cette diction ; vous avez été abreuvés de l'eau qui jaillit vers la vie éternelle ; vous avez vu la source qui lance des torrents d'or pur. On cite un fleuve qui porte des paillettes d'or aux habitants de ses rives, non que les eaux aient la vertu de donner naissance à l'or ; mais comme les sources de ce fleuve traversent par hasard des montagnes renfermant des mines, le courant, dans son trajet, s'enrichit aux dépens de cette terre fortunée, et devient un trésor pour les riverains qui n'ont qu'à recueillir ces présents du hasard. Pareil à ce fleuve, le maître qui vous a parlé l'autre jour, en parcourant la mine des saintes Écritures, y a recueilli les pen-

sées, incomparablement plus précieuses que l'or, dont il a fait largesse à vos âmes. Les miennes, je le sais, vous paraissent aujourd'hui bien peu de chose. L'homme habitué à une table indigente s'est-il vu admettre par hasard à un banquet moins frugal : s'il lui faut maintenant retourner à son ancien régime, il n'en sentira que mieux sa pauvreté.

Néanmoins je ne reculerai point devant ma tâche. Car vous savez, pour l'avoir appris de Paul, manger et souffrir la faim, avoir du superflu et manquer du nécessaire, admirer le riche et ne point mépriser le pauvre. Et de même que ceux qui aiment à boire font fête au bon vin, sans dédaigner celui qui ne le vaut pas ; de même, dans votre passion pour la céleste parole ; vous prisez le talent chez vos maîtres, mais ceux qui sont moins habiles n'en rencontrent pas moins en vous une ardeur et un zèle peu communs. En effet, l'homme indolent et dissolu manque d'appétit, même devant une table bien servie ; au contraire, l'homme actif et sobre, celui qui a faim et soif de la justice, court avec joie s'asseoir à un repas frugal. Et que mes paroles ne sont point flatterie, c'est ce que vous-mêmes avez bien fait voir dans notre précédent entretien. Nous vous parlions longuement du mariage : nous vous montrions que c'est un véritable adultère que de répudier sa femme, ou d'épouser une femme répudiée, du vivant de son premier mari ; nous vous lisions la loi du Christ ainsi conçue : *Quiconque épouse une femme répudiée se rend coupable d'adultère ; quiconque répudie sa femme, hormis le cas de prostitution, la rend adultère.* (Matth. V, 32.) Je vis alors beaucoup d'entre vous baisser la tête, se frapper le visage, n'oser lever les

yeux ; alors, portant mes regards au ciel, je m'écriai :
Loué soit le Seigneur de ce que notre voix ne frappe
point des oreilles privées de vie, de ce que nos paroles saisissent les esprits de nos auditeurs, et les
ébranlent si fortement ! Le mieux sans doute est de
ne point pécher du tout : mais c'est quelque chose
encore, à l'égard du salut, que d'être contristé après
le péché, de porter condamnation contre son cœur,
de flageller sa conscience avec un scrupule acharné ;
untel repentir fait partie de la justification, et c'est le
chemin qui mène à ne plus jamais pécher. Voilà
pourquoi Paul se réjouissait quand il avait affligé
ses auditeurs, non de les avoir affligés, mais de les
avoir corrigés en les affligeant : *Je me réjouis, dit-il,
non de vous voir affligés, mais de vous voir dans cette affliction qui mène au repentir ; car toute affliction selon
Dieu produit un repentir de salut.* (II Cor. VII, 9, 10)
Que ce soient vos péchés ou ceux des autres qui
vous aient jetés dans la tristesse, je ne puis dire combien vous méritez d'éloges. Pleurer sur le sort d'autrui, c'est montrer des entrailles apostoliques, c'est
imiter l'Esprit-Saint dont voici les paroles : *Qui peut
souffrir, sans que je souffre ? Qui peut être scandalisé
sans que je sois dans les angoisses ?* (II Cor. XI, 29.)
Avoir du regret de ses propres péchés, c'est éteindre
la flamme préparée pour le châtiment de ses fautes
antérieures, c'est se rendre pour l'avenir, grâce à ce
chagrin, moins sujet à tomber. Et c'est pour cela que
moi-même, vous voyant baisser la tête, sangloter,
vous frapper le visage, je me réjouissais en songeant
au fruit de cette douleur : c'est pour cela qu'aujourd'hui encore, je vous entretiendrai du même sujet, afin que ceux qui veulent entrer en ménage

réfléchissent mûrement à ce qu'ils vont faire. En effet, s'agit-il pour nous d'un achat de maisons ou de serviteurs, nous prenons mille peines, nous tournons autour du possesseur actuel, des précédents propriétaires. Il nous faut connaître dans un cas l'état du mobilier, dans l'autre la constitution physique et les principes moraux. À plus forte raison, avant de se marier, doit-on prendre autant et bien plus de précautions.

On peut revendre une maison dont on est mécontent ; on peut renvoyer un serviteur incapable à la personne qui s'en est défaite, mais une épouse, on ne peut la rendre à ceux dont on la tient ; de toute nécessité il faut la garder chez soi pour toujours, ou, si l'on s'en débarrasse en la chassant, être convaincu d'adultère selon les lois de Dieu. Ainsi, quand tu voudras te marier, ne te bornes pas à lire les lois qui sont faites pour le monde : lis d'abord, lis celles qui ont force parmi nous. Car c'est d'après celles-ci, et non pas sur les autres, que dans le grand jour Dieu te jugera : en négligeant ces dernières, c'est une perte d'argent que souvent l'on encourt, mais celles dont je parle appellent sur leurs transgresseurs les supplices éternels et la flamme inextinguible de l'enfer.

2. Cependant quand vous voulez vous marier, vous n'avez rien de plus pressé que de courir chez les jurisconsultes du siècle ; là, vous vous installez, vous vous enquérez minutieusement de ce qui arrivera si la femme meurt sans enfants, ou, au contraire, si elle laisse un, deux, trois enfants ; que deviendront ses biens selon qu'elle aura encore son père, ou qu'elle l'aura perdu ? quelle part de son hé-

ritage doit revenir à ses frères, quelle part à son mari ? Dans quel cas celui-ci aura-t-il droit à la totalité, et pourra-t-il s'opposer à ce qu'il en soit rien distrait en faveur de personne ? et mille autres questions pareilles dont vous harcelez des légistes : démarches, précautions, rien ne vous coûte pour empêcher les parents de la femme de s'immiscer à aucun titre dans ses affaires ; et pourtant, comme je l'ai dit plus haut, dût-il advenir quelque accident imprévu, il ne s'agirait que d'une perte d'argent, ce qui ne vous empêche pas de mettre en œuvre toute votre vigilance. Eh bien ! si pour éviter un préjudice pécuniaire, nous déployons tant d'activité, ne serait-il pas absurde, quand il est question du péril de notre âme et des comptes qui se règlent là-haut, de ne donner aucun soin à une affaire qui réclame, avant toute autre, notre zèle, notre empressement et notre sollicitude ?

En conséquence, j'invite et j'exhorte ceux qui veulent se marier à prendre conseil du bienheureux Paul, à lire les lois qu'on trouve chez lui au sujet des mariages, à s'instruire d'abord des recommandations qu'il adresse à l'homme auquel est échue une femme vicieuse, corrompue, adonnée au vin, acariâtre, sans jugement, ou frappée de quelque autre imperfection ; et alors seulement à entrer en pourparlers au sujet du mariage. Si tu vois que Paul te permet, pour peu que tu découvres chez ta femme un de ces défauts, de la répudier et d'en prendre une autre, il n'y a plus aucun risque et tu peux te rassurer. Mais s'il te refuse ce droit et t'ordonne au contraire de tout endurer chez ta femme, hormis la prostitution, et de la garder chez toi, quels que soient ses défauts, alors affermis-toi dans cette pensée qu'il te faudra subir tous les vices de ta femme ; que si cette obligation te paraît rigoureuse et intolérable, n'épargne ni tes soins, ni ta peine pour te pourvoir d'une épouse bonne, sage et docile, et ne perds point de vue cette alternative imposée au mari d'une femme vicieuse, ou de supporter les ennuis qu'elle lui cause, ou, s'il s'y refuse et la répudie, d'avoir à répondre d'un adultère. Car il est écrit : *Quiconque répudie sa femme, hormis le cas de prostitution, la rend adultère ; et quiconque épouse une femme répudiée se rend coupable d'adultère.* (Matth. V, 32.) Une fois bien pénétrés, avant le mariage, de ces réflexions et bien instruits de ces lois, nous mettrons tous nos soins à faire choix, tout d'abord, d'une femme vertueuse et bien assortie à notre humeur ; cela fait, nous n'y gagnerons point seulement de ne la répudier jamais, mais encore de l'aimer avec une profonde tendresse, ainsi que Paul le recommande. En effet, il ne se borne pas à dire : *Hommes, aimez vos femmes* (Éphés. V, 25) ; mais il indique encore le degré de cette affection en ajoutant : *Comme le Christ a aimé l'Église.* Mais comment, dis-moi, le Christ l'a-t-il aimée ? *Jusqu'à se sacrifier pour elle.* Ainsi, fallût-il mourir pour ta femme, ne marchande point. Si le Seigneur a aimé son esclave au point de se donner pour elle, à plus forte raison dois-tu le même amour à ta compagne d'esclavage. Mais peut-être est-ce la beauté de l'épouse qui a entraîné l'époux, ou les vertus de son âme ? On ne saurait le prétendre, car la suite montre qu'elle était laide et sordide ; écoutez plutôt : *Il s'est sacrifié pour elle*, vient-il de dire, et il ajoute : *Afin de la sanctifier en la purifiant par l'eau*. Par ce mot *purifier*, il fait entendre qu'elle était impure et souillée, et non point d'une souillure comme une autre, mais d'une extrême impureté ; ce n'était que graisse, que fumée, que sang ; que taches de toute espèce. Et cependant il n'a pas eu dégoût de sa laideur, il a remédié à ses disgrâces, il a changé sa figure, corrigé ses formes, réparé ses imperfections ; c'est l'exemple que tu dois suivre. Quelques fautes que ta femme puisse commettre à ton égard, oublie tout, pardonne tout. A-t-elle un mauvais caractère, réforme-le à force de douceur et de bonté, comme a fait le Christ à l'égard de l'Église. Car, non content de laver ses taches, il l'a encore débarrassée de la vieillesse, en lui faisant dépouiller le vieil homme, ce composé d'iniquités. Et c'est à quoi Paul encore fait allusion, en disant : *Afin de se faire une Église glorieuse, qui n'eût ni taches, ni rides.* (Éphés. V, 27.) En effet, c'est peu de l'avoir embellie ; il l'a rajeunie, non selon le corps et la nature, mais selon l'âme et la volonté. Et ce qu'il faut admirer, ce n'est pas seulement que, l'ayant reçue laide, repoussante, difforme et décrépite, loin de prendre en dégoût sa laideur, il se soit livré lui-même au trépas et l'ait transformée par là au point de la rendre admirablement belle ; c'est que, dans la suite, en dépit des taches et des souillures qui reviennent souvent la ternir, il ne la répudie point, ne s'en sépare point, et qu'il persiste à l'entourer de ses soins et à la corriger. Combien, dites-moi, ont péché après avoir reçu la foi ? Et pourtant il ne les a point repoussés avec dégoût. Par exemple ce fornicateur connu des Corinthiens était membre de l'Église, cependant le Christ n'a point coupé ce membre : il l'a redressé. L'Église des Galates tout entière s'emporta hors de la voie et tomba dans le judaïsme, néanmoins il ne l'a pas rejetée non plus : il lui a donné ses soins par le ministère de Paul et l'a ramenée ainsi dans sa première famille. Et nous aussi, de même que, si nous tombons malades, nous ne coupons pas le membre, mais travaillons à chasser la maladie ; c'est ainsi que nous devons agir à l'égard d'une épouse. Si elle a quelque défaut, au lieu de la répudier, c'est son vice qu'il faut tâcher d'expulser. D'ailleurs on peut amener une femme à s'amender, tandis qu'il est bien des cas où un membre attaqué ne peut se guérir. Néanmoins, bien que nous connaissions le membre infirme pour incurable, nous ne le retranchons point pour cela. Combien d'hommes ont un pied de travers, une jambe boiteuse, un bras paralysé et perclus, un œil privé de lumière, qui ne se font point extraire cet œil, couper cette jambe, amputer ce bras, et qui, sans méconnaître que ces parties de leur corps lui sont désormais inutiles et ne servent qu'à le défigurer, les gardent néanmoins par égard pour la solidarité qui les attache aux autres. Mais si, quand la guérison est impossible et que l'utilité est nulle, nous montrons tant de circonspection à abandonner le malade, alors qu'il reste de l'espérance et des chances nombreuses de changement, n'est-ce pas le comble de l'absurdité ? Les infirmités naturelles laissent l'homme sans recours ; mais une volonté pervertie est susceptible d'amélioration.

3. En vain tu objecterais que le mal de ta femme est incurable, qu'en dépit de tes soins elle s'obstine à suivre ses propres penchants ce n'est pas encore

une raison suffisante pour la répudier ; car, de ce qu'on ne peut guérir un membre, il ne s'ensuit pas qu'on doive le couper. Or c'est un de tes membres que ta femme : *Ils seront deux dans une chair*, dit l'Écriture. (Gen. II, 24.) Mais quand c'est d'un membre qu'il s'agit, il n'y a nul profit à le soigner, une fois que les progrès de la maladie ont rendu la médecine impuissante. Au contraire, si le malade est ta femme, quand bien même sa maladie serait incurable, compte que tu seras bien récompensé de tes leçons et de tes soins paternels. Et dût-elle n'en recueillir aucun fruit, Dieu saura bien rémunérer notre patience, parce que c'est sa crainte qui nous aura excités à montrer tant de persévérance à supporter avec douceur les défauts de notre compagne, à diriger ce membre de nous-mêmes. Membre de nous-mêmes, dis-je, et membre inséparable : aussi devons-nous l'aimer avec prédilection. C'est ce que nous enseigne encore le même Paul en disant : *Les hommes doivent aimer leurs femmes comme ils aiment leurs corps. Car jamais personne n'a haï sa propre chair ; mais il la nourrit et l'entoure de soins comme a fait le Christ pour l'Église, car nous sommes membres de son corps, de sa chair, de ses os.* (Ép. V, 28-30.)

Il veut dire que, comme Ève est née de la côte d'Adam, ainsi nous sommes nés de la côte du Christ. En effet, c'est ce que signifie *De sa chair et de ses os*. Mais, pour ce qui est d'Ève, nous savons tous qu'elle est née de la côte d'Adam, et l'Écriture dit clairement que Dieu envoya le sommeil sur Adam, prit une de ses côtes, et en façonna la femme. Maintenant, sur quoi se fonder pour prétendre que l'Église aussi est formée de la côte du Christ ? C'est encore l'Écriture qui nous l'indique. En effet, lorsque le Christ fut élevé sur la croix, y fut attaché et mourut, *un des soldats s'approchant lui perça le flanc, et il en sortit du sang et de l'eau.* (Jean, XIX, 34.) Eh bien ! c'est de ce sang et de cette eau que toute l'Église est formée. Jésus lui-même l'atteste par ces paroles : *Quiconque ne sera point régénéré par l'eau et l'esprit, ne pourra entrer dans le royaume des cieux.* (Jean, III, 5.) Le sang, c'est l'esprit. Nous naissons grâce à l'eau du baptême, et c'est par le sang que nous sommes nourris. Voyez-vous comment nous provenons de ses os et de sa chair, enfantés, nourris par son sang, par son eau ? Et de même que, pendant le sommeil d'Adam, la femme fut façonnée, ainsi, le Christ mort, l'Église fut formée de son côté. Mais, s'il faut aimer sa femme, ce n'est pas seulement parce que notre femme est membre de nous-mêmes, et que nous avons fourni la matière dont elle a été créée : c'est encore parce que Dieu a promulgué à ce sujet une loi que voici : *L'homme quittera son père et sa mère et s'attachera à sa femme, et ils seront deux dans une chair.* (Gen. II, 24.) C'est pour cela que Paul aussi nous a lu cette loi, afin de nous pousser de toutes parts à cet amour. Observez ici la sagesse apostolique ! ce n'est point exclusivement au nom des lois divines, ni des lois humaines, qu'il nous invite à aimer nos épouses ; mais il fait parler les unes et les autres tour à tour : de telle façon que les esprits élevés et philosophiques soient amenés à aimer par les motifs célestes, les esprits faibles au contraire par les raisons terrestres et naturelles. Dans cette vue, il s'appuie d'abord sur la sagesse du Christ et commence son exhortation en ces termes :

Aimez vos femmes ainsi que le Christ a aimé l'Église.
Mais ce qui vient après est humain : *Les hommes
doivent aimer leurs femmes autant que leurs propres
corps.* La suite est du Christ : *Nous sommes membres
de son corps, de sa chair, de ses os.* Mais ceci vient des
hommes : *L'homme quittera son père et sa mère et s'attachera à sa femme.* Et après avoir lu cette loi, il
ajoute : *Voilà le grand mystère.* En quoi, grand ? De-
manderez-vous. En ce qu'une jeune fille, enfermée
jusque-là dans sa chambre, peut aimer et chérir du
premier jour, comme son propre corps, l'époux
qu'elle n'avait jamais vu auparavant ; en ce que
l'homme qu'elle n'a jamais vu préfère du premier
jour à toutes choses, une femme avec laquelle il
n'avait pas précédemment échangé un propos, qu'il
la préfère, dis-je, à ses amis, à ses proches, à son
père et à sa mère... Parlons maintenant des parents :
viennent-ils, hors ce seul cas, à éprouver quelque
perte d'argent, les voilà dans le chagrin ; dans la
peine ; ils traînent devant les tribunaux celui qui
leur a fait tort : et voici qu'un homme que souvent
ils n'ont jamais vu, qu'ils ne connaissent pas, reçoit
d'eux avec leur fille une dot considérable. Que dis-
je ? c'est une fête pour eux, bien loin qu'ils imputent
cet événement à la mauvaise fortune. Au moment
où ils se voient enlever leur fille, ils n'éprouvent ni
regret de l'intimité passée, ni dépit, ni douleur : loin
de là, ils rendent grâces, et jugent leurs vœux exau-
cés, quand il leur est donné de voir leur fille quitter
leur maison, et avec elle s'en aller une partie de leur
fortune. Paul remarquant tout cela, considérant que
les deux époux quittent leurs parents pour s'attacher l'un à l'autre, et qu'une si longue habitude a

dès lors moins d'empire que cette liaison fortuite, réfléchissant de plus que ce n'est pas là un fait humain, et que c'est Dieu qui sème ces amours dans les âmes, qui inspire cette joie aux parents des époux, comme aux époux eux mêmes, Paul, en conséquence, a écrit : *Voilà le grand mystère*. Et, pour prendre un exemple chez les enfants, comme le petit enfant qui vient de naître reconnaît tout d'abord ses parents en les voyant, avant de savoir parler : ainsi l'époux et l'épouse, sans que personne les rapproche, les exhorte, les instruise de leurs devoirs, n'ont qu'à se voir pour être unis. Puis, observant que la même chose est arrivée pour le Christ, et principalement pour l'Église, il s'étonne, il admire. Et comment donc la même chose est-elle arrivée pour le Christ et pour l'Église ? De même que le mari quitte son père pour aller trouver sa femme, de même le Christ a quitté le trône paternel pour allez vers son épouse. Au lieu de nous appeler là-haut, il est descendu lui-même vers nous. (D'ailleurs par ces mots *il a quitté*, n'allez pas entendre un déplacement, mais bien une condescendance ; en effet, même étant avec nous, il était encore avec son Père.) Aussi Paul dit-il : *Voilà le grand mystère*. Grand sans doute, même à ne regarder que les hommes. Mais quand je vois que cela est encore vrai à l'égard du Christ et de l'Église, alors je m'étonne, alors j'admire. Lui-même après ces mots : *Voilà le grand mystère*, ajoute ceci : Je parle à l'égard du Christ et de l'Église. Tu sais maintenant quel mystère c'est que le mariage ; tu sais de quelle grande chose il est le symbole :songes-y donc mûrement et avec circonspection ; et ne cherche pas la richesse quand tu voudras prendre femme. Ne regarde pas le mariage comme un trafic, mais comme l'association de deux existences.

4. J'ai souvent ouï dire : Un tel était pauvre :son mariage l'a enrichi, il a épousé une femme riche : il vit maintenant dans le luxe et l'opulence. Que dis-tu là, mon ami ? Tu veux que ta femme te rapporte de l'argent ? Tu peux dire cela sans avoir honte, sans rougir ? Et tu ne vas pas te cacher au fond de la terre, toi, qui peux imaginer de pareilles spéculations ? Est-ce là le langage d'un époux ? Tu n'as rien à demander à ta femme que de veiller sur tes épargnes, d'administrer tes revenus, d'avoir soin de ta maison. Dieu te l'a donnée pour t'aider en cela comme dans toutes les choses du même genre. Attendu que deux sortes d'affaires se partagent notre vie, les affaires publiques et les affaires privées, le Seigneur a divisé la tâche entre l'homme et la femme : à celle-ci il a départi le gouvernement de la maison, à celui-là toutes les affaires de l'État, toutes celles qui se traitent sur la place publique, jugements, délibérations, commandements d'armées, et le reste. La femme est incapable de diriger un javelot, de lancer un trait, mais elle est capable de manier la quenouille, de tisser une toile, de faire régner le bon ordre, dans toute la maison. Elle est incapable d'ouvrir un avis dans un conseil ; mais elle est capable d'ouvrir un avis à la maison, et souvent, dans les soins domestiques que son mari partage avec elle, elle montre plus de clairvoyance que lui-même. Elle est incapable de bien gérer les deniers publics, mais elle est capable de bien élever ses enfants, ce trésor précieux entre tous ; elle est capable

d'observer les manquements des servantes, de surveiller les mœurs des serviteurs, de procurer à son époux plus de sécurité, de la décharger de tous les soins qu'exige un ménage, j'entends ceux de l'office, du filage, de la cuisine, de la toilette : enfin, elle prend sur elle tous les travaux dont il ne serait ni convenable, ni facile à l'homme de s'occuper, quelque difficile à contenter qu'il puisse être. En effet, c'est un trait de la générosité et de la sagesse divines, que celui qui excelle dans les grandes choses, se montre dans les petites insuffisant et incapable, de telle sorte que l'homme ait besoin de la femme. En effet, si Dieu avait créé l'homme également propre aux deux emplois, le sexe féminin n'aurait été qu'un objet de mépris : et, d'autre part, s'il avait permis aux femmes des fonctions plus relevées et plus sérieuses, il leur aurait inspiré des prétentions extravagantes. Aussi, a-t-il évité de donner les deux aptitudes à la même créature, de peur que l'un des sexes ne fût éclipsé et ne parût inutile : et il n'a pas voulu non plus faire la part égale aux deux sexes, de peur que cette égalité n'engendrât des conflits, des querelles, et que les femmes n'élevassent leurs prétentions jusqu'à disputer aux hommes le premier rang ; mais conciliant le besoin de paix avec les convenances de la hiérarchie, il a fait dans notre vie deux parts, dont il a réservé à l'homme la plus essentielle et la plus sérieuse, en assignant à la femme la plus petite et la plus humble : de telle sorte que les nécessités de l'existence nous la fassent honorer, sans que l'infériorité de son ministère lui permette d'entrer en révolte contre son mari.

En conséquence, cherchons tous désormais une

seule chose, la vertu, un bon naturel, afin de jouir de la paix, de goûter les délices d'une concorde et d'une affection perpétuelles. Épouser une femme riche, c'est prendre un souverain plutôt qu'une femme. Par elles-mêmes, déjà, les femmes ont assez de vanité, assez de penchant à briller : s'il leur survient encore le renfort dont je parle, comment leurs maris pourront-ils y tenir désormais ? Au contraire, celui qui prend une femme de sa condition, ou plus pauvre que lui, prend une auxiliaire, une alliée : et c'est vraiment le bonheur qu'il introduit dans sa maison. La gêne que cause à l'épouse sa pauvreté lui inspire toutes sortes de soins et d'attentions pour son mari, l'obéissance, une soumission parfaite, et supprime toutes les causes de disputes, de querelles, d'extravagances, de rébellion : elle unit les deux époux dans la paix, la concorde, la tendresse, l'harmonie. Ce n'est donc pas l'argent que nous devons chercher, niais la paix, si nous voulons trouver le bonheur. Le mariage n'est pas fait pour remplir notre maison de luttes et de combats, pour nous faire vivre au milieu des disputes et des querelles, pour mettre la division dans le ménage et nous rendre l'existence insupportable, mais pour nous procurer une aide, pour nous ouvrir un port, un asile, pour nous consoler dans l'affliction, pour que nous trouvions de l'agrément dans la conversation de notre femme. Combien n'a-t-on pas vu de riches, enrichis encore par la dot de leurs femmes, mais privés du même coup, pour jamais, de la paix et de la félicité, par un mariage qui faisait de leur table une arène, un théâtre de querelles journalières ? Combien, au contraire, ne voit-on pas de pauvres, unis à des femmes plus pauvres encore, qui jouissent de la paix, et sont heureux de voir la lumière, tandis que plus d'un riche, au sein de l'abondance, souhaite la mort pour être délivré de sa femme, et ne demande qu'à déposer le fardeau d'une telle vie ? tant il est vrai que l'argent ne sert à rien, faute d'une compagne vertueuse ! Mais, pourquoi parler de paix et de concorde ? Celui-là même qui ne songe qu'à gagner de l'argent, se trouve mal, souvent, d'avoir épousé une femme plus riche que lui. Quand il a augmenté son luxe en proportion de la dot reçue, une mort prématurée n'a qu'à venir l'obliger de restituer la dot entière aux parents : alors, pareil à ces naufragés dont la personne seule échappe aux flots, ce malheureux, au bout de tant de querelles, de luttes, de révoltes, de procès, a grand-peine à se tirer d'affaire avec ses quatre membres et sa liberté. Et comme on voit des trafiquants insatiables, pour avoir encombré leur vaisseau de marchandises et lui avoir imposé un fardeau au-dessus de ses forces, causer la submersion de leur équipage, et perdre toute leur cargaison : ainsi, ces ambitieux qui font des mariages démesurément riches, dans la pensée d'augmenter beaucoup leur avoir, grâce à leurs femmes, perdent souvent jusqu'à ce qu'ils possédaient en se mariant : il suffit d'un instant et du choc d'une vague pour faire enfoncer le navire ; ainsi, la mort prématurée de la femme a suffi pour apporter la ruine avec le deuil à son mari.

5. Considérons bien tout cela, et, au lieu de chercher la fortune, cherchons la vertu, l'honnêteté, la modestie. Une femme modeste, vertueuse et sage,

fût-elle sans fortune, saura tirer parti de la pauvreté mieux qu'une autre de la richesse : au contraire, une femme gâtée, intempérante, acariâtre, trouvât-elle au logis des milliers de trésors, les aura bientôt dissipés avec la vitesse du vent, et précipitera son mari dans d'innombrables maux, outre la ruine. Ce n'est donc pas l'opulence que nous devons rechercher, mais une femme qui sache bien employer l'argent du ménage.

Apprends d'abord quelle est la raison du mariage, quel dessein l'a fait introduire dans notre existence, et n'en demande pas davantage. Quel est donc l'objet du mariage, et dons quelle vue Dieu l'a-t-il institué ? Écoute ce que dit Paul : *De peur des fornications, que chacun ait une femme à soi.* (I Cor. VII, 2.) Il n'a pas dit : *remédier à sa pauvreté ni pour se mettre dans l'aisance.* Pourquoi donc ? Afin que nous évitions les fornications, afin que nous réprimions notre concupiscence, afin que nous vivions dans la chasteté, afin que nous nous rendions agréables à Dieu en nous contentant de notre propre femme. Voilà le présent que nous fait le mariage, et voilà le fruit, en voilà le bénéfice. Ne lâche donc pas le plus pour courir après le moins ; car l'argent est peu de chose au prix de la chasteté. Le seul motif qui doive nous déterminer au mariage, c'est la résolution de fuir le péché, d'échapper à toute fornication ; tout le mariage doit donc tendre à ce but, de nous aider à la chasteté. Or il en sera ainsi, si nous épousons des femmes capables de nous inspirer beaucoup de piété, beaucoup de retenue, beaucoup de sagesse. En effet, la beauté du corps, quand elle n'a point la vertu pour compagne, peut bien retenir un mari vingt ou trente jours, mais au-delà elle perd son empire, laisse voir les vices qu'elle cachait d'abord, et dès lors tout le charme est rompu. Au contraire, celles en qui reluit la beauté de l'âme, n'ont rien à craindre de la fuite du temps, qui leur fournit chaque jour de nouvelles occasions de découvrir leurs belles qualités ; l'impur de leurs époux n'en devient que plus ardent, et l'attachement mutuel ne fait que se resserrer. Dans cet état de choses et devant l'obstacle de cette ardente et légitime affection, toute espèce d'amour impudique est rejetée bien loin ; l'idée même de l'incontinence n'entrera jamais chez ce mari attaché à sa femme par l'amour ; jusqu'à la fin il lui reste fidèle, et ainsi, par sa chasteté, appelle sur toute sa maison la bienveillance et la protection divines. Voilà les unions que formaient nos justes des anciens temps, plus attentifs à la vertu qu'à la fortune. Pour le prouver par un exemple, je vous rappellerai un de ces mariages : *Abraham déjà vieux et avancé en âge dit au plus âgé de ses serviteurs qui gérait tous ses biens : Pose ta main sous ma cuisse afin que je te fasse jurer au nom du Seigneur Dieu du ciel et de la terre, de ne pas donner pour femme, à mon fils Isaac une des filles des Chananéens, parmi lesquels j'habite, mais tu te rendras dans la terre où je suis né, au milieu de ma tribu, et tu choisiras là une épouse pour mon fils.* (Gen ; XXIV, 1-4.) Voyez-vous quelle sollicitude chez cet homme vertueux, chez ce juste, au sujet du mariage ; il n'a pas recours, comme cela se pratique aujourd'hui, à des entremetteuses, à des négociatrices, à de vieilles conteuses de fables ; c'est à son propre serviteur qu'il confie cette affaire. Et ceci même est une grande marque de la prudence de ce patriarche, qu'il ait su former assez bien un serviteur pour le rendre capable d'un pareil ministère. Ensuite la femme qu'il lui faut n'est ni une femme riche, ni une belle femme, mais une femme vertueuse ; et c'est pour cela qu'il prescrit un aussi long voyage à son messager. Considérez aussi l'intelligence du serviteur : il ne dit point : quelle commission me donnes-tu là ! Quand nous sommes entourés d'un si grand nombre de nations, chez lesquelles se trouvent en grand nombre des filles d'hommes riches, distingués, illustres, tu m'envoies dans un pays aussi lointain, parmi des hommes inconnus ? À qui m'adresser ? qui me connaîtra ? Et s'ils me tendent des embûches ? S'ils me trompent ? Car il n'y a rien de si facile à prendre au piège qu'un étranger. Il ne fit aucune de ces objections, mais négligeant toutes ces difficultés, il s'arrêta seulement au soupçon qui se présente tout d'abord à l'esprit : en ne résistant pas à son maître, il avait montré son obéissance ; en demandant seulement ce dont il fallait principalement s'informer, il manifesta son intelligence et sa prévoyance. À quoi fais-je allusion ? et quelle est donc cette question qu'il adressa à son maître ? *Si la femme*, dit-il, *ne veut point partir avec moi, ramènerai-je ton fils dans le pays d'où tu es sorti ?* Abraham répondit : *Ne ramène pas mon fils en ce pays. Le Seigneur Dieu du ciel et de la terre qui m'a tiré de la maison de mon père et de la terre où je suis né, qui m'a parlé et m'a dit avec un serment ces paroles : Je donnerai cette terre à toi et à ta postérité, ce même Dieu enverra son ange devant toi, et t'aplanira le chemin.* (Gen. XXIV, 4-7.) Voyez-vous la foi du patriarche ? Au lieu de faire appel à ses amis, à ses parents, ou à toute autre personne, c'est Dieu même qu'il donne pour interprète et pour compagnon de route à son messager. Puis, voulant rassurer ce serviteur, au lieu de dire simplement *le Seigneur Dieu du ciel et de la terre*, il ajoute : *qui m'a tiré de la maison de mon père*. Souviens-toi, lui dit-il, comment nous avons fait ce long voyage, comment après avoir abandonné notre propre pays, nous avons trouvé sur la terre étrangère plus de ressources et de félicité, comment l'impossible est devenu possible. Et ce n'est pas seulement en ce sens qu'il dit : *Qui m'a tiré de la maison de mon père* ; il veut encore indiquer que Dieu est son débiteur. Nous sommes ses créanciers, dit-il, il a dit lui-même : *Je donnerai cette terre à toi et à ta postérité*. De sorte que, tout indignes que nous sommes ; en considération de la promesse qu'il nous a faite de sa bouche, et dans la vue de l'accomplir, il nous assistera, aplanira devant nous tous les obstacles, et mènera à consommation ce qui est l'objet de nos vieux. Cela dit, il congédia son messager.

Parvenu au pays qui lui avait été désigné, celui-ci n'aborda aucun des habitants de la ville, il n'entra pas en conversation avec les hommes, il n'appela point les femmes ; mais remarquez comment il resta fidèle, lui aussi, à l'intermédiaire qui lui avait été donné, comment il s'adressa à lui seul. Il se lève pour prier, et dit : *Seigneur, Dieu de mon maître Abraham, aplanis, aujourd'hui le chemin devant moi.* (Gen. XXIV, 12) Il ne dit pas : *Seigneur mon Dieu* ; que dit-il donc ? *Seigneur, Dieu de mon maître Abraham.* Je ne suis qu'un misérable, un objet de rebut ; mais je me couvre de mon maître ; car ce n'est pas pour moi que je viens, je ne suis que son ministre ; aie donc égard à sa vertu, et aide-moi à accomplir jusqu'au bout la tâche prescrite.

6. Maintenant, pour que vous n'alliez pas croire qu'il parle en créancier qui réclame ce qui lui est dû, écoutez les paroles qui suivent : *Et prends en miséricorde mon maître Abraham.* (Gen. XXIV, 12.) Quand nous aurions des milliers de mérites, nous voulons devoir à la grâce notre salut, et tenir tout de ta bonté, rien à titre d'acquittement ou de restitution. Et que demandes-tu donc ? *Voici, répond-il, que je me tiens debout auprès de la fontaine, et les filles des habitants de la ville sortiront pour venir puiser de l'eau. Donc la jeune fille à qui je dirai : prête-moi ta cruche afin que je boive, et qui me répondra : bois, et je donnerai de plus à boire à tes chameaux jusqu'à ce qu'ils soient abreuvés, c'est celle que tu as préparée pour ton serviteur Isaac, et par là je reconnaîtrai que tu as pris en miséricorde mon maître Abraham.* Remarquez la sagesse du serviteur, au signe qu'il choisit. Il ne dit pas : si j'en vois une portée sur un char attelé de mules, traînant à sa suite un essaim d'eunuques, entourée de nombreux esclaves, belle et resplendissante de tout l'éclat de la jeunesse, c'est celle que tu as préparée pour ton serviteur. Que dit-il donc ? *Celle à qui je dirai : Prête-moi la cruche afin que je boive.* Que fais-tu, mon ami ? C'est une femme de cette sorte que tu cherches pour ton maître, une femme qui porte de l'eau, et qui daigne te parler ? Oui, répond-il : car il ne m'a pas envoyé chercher la richesse, ni la noblesse de la naissance, mais les qualités de l'âme. On trouve souvent des porteuses d'eau qui possèdent une vertu parfaite, tandis que d'autres, non-

chalamment assises dans de riches demeures, sont pleines de vices et très-mauvaises. —Mais à quoi reconnaîtra-t-il la vertu de cette femme ? — Au signe qu'il a indiqué. Mais que vaut ce signe pour distinguer la vertu ? — Il est excellent et infaillible. Car il manifeste clairement la charité, de façon à rendre toute autre preuve superflue. Ses paroles reviennent donc à ceci, bien qu'il ne le dise pas en propres termes : Je cherche une vierge tellement charitable, qu'elle rende tous les services dont elle est capable. Et ce n'est point sans réflexions qu'il cherchait une telle épouse : mais, étant d'une maison où florissait surtout l'hospitalité, il voulait avant toute chose trouver une femme assortie à l'humeur de ses maîtres. C'est comme s'il disait : Nous voulons faire entrer chez nous une femme dont les mains soient ouvertes pour les hôtes ; afin qu'il n'y ait pas de guerre et de querelles lorsque le mari fera largesse de son bien à l'exemple de son père, et accueillera les étrangers : ce qui arriverait si la femme était regardante, et ne voulait pas laisser faire, comme c'est le cas dans bien des maisons ; dès maintenant je veux m'assurer si elle est hospitalière, car c'est de là que viennent toutes nos prospérités.

C'est par là que mon maître a obtenu du ciel celui qu'il va marier, par là qu'il est devenu père. Il a sacrifié un veau, et il a reçu un enfant ; il a pétri la farine, et Dieu lui a promis de lui donner des descendants aussi nombreux que les étoiles. Puis donc que c'est d'une telle source que découlent toutes nos prospérités, je recherche cette qualité avant toutes tes autres. Pour nous, ne nous arrêtons pas à ceci qu'il ne demandait que de l'eau : considérons plutôt que c'est la marque d'un cœur bien hospitalier, de ne pas se borner à donner ce qu'on demande, mais d'offrir plus que ce qui est demandé. *Et il arriva ceci*, dit l'Écriture, *qu'avant qu'il eût fini de parler, Rébecca sortait de la ville*, et ainsi se trouva accomplie cette parole du Prophète : *Tu n'auras pas fini de parler que je dirai : me voici.* (Isaïe, LVIII, 9.)

Voilà les prières des hommes vertueux : avant qu'elles soient finies, Dieu a, déjà consenti à les exaucer. Et toi aussi, par conséquent, lorsque tu voudras te marier, n'aie point recours aux hommes, ni à ces femmes qui font métier du malheur d'autrui, et ne se proposent qu'un but, à savoir, de gagner un salaire. Aie recours à Dieu. Il ne dédaigne point de présider lui-même à ton mariage. C'est lui-même qui en a fait la promesse en ces termes : *Cherchez le royaume des cieux, et tout le reste vous sera donné par surcroît.* (Matth. VI, 33.) Et garde-toi de dire : Mais comment puis-je voir le Seigneur ? Est-ce qu'il peut m'adresser la parole, et s'entretenir avec moi visiblement, de telle façon que je puisse aller à lui et l'interroger ? Pensées d'une âme sans foi. Un instant suffit à Dieu, et la parole ne lui est pas nécessaire pour exécuter tout ce qu'il veut : et c'est justement ce qui eut lieu pour le serviteur d'Abraham. Il n'ouït aucune voix, ne vit aucune apparition. Debout auprès de la fontaine, il pria, et sur-le-champ fut exaucé. *Il arriva ceci, qu'avant qu'il eût fini de parler, il vit sortir de la ville Rébecca, fille de Bathuel, fils de Melcha ; portant une cruche sur l'épaule : cette vierge était très belle ; elle était vierge, aucun homme ne l'avait connue.* Mais à quoi bon me parler de sa beauté ? C'est afin que tu comprennes à quel point elle était chaste, et quelle beauté elle avait dans l'âme. C'est une chose admirable que la chasteté, mais bien plus admirable encore, quand elle est jointe à la beauté. C'est pourquoi l'Écriture, avant de raconter l'histoire de Joseph et de sa chasteté, parle d'abord de ses avantages corporels : elle nous apprend qu'il était beau et dans tout l'éclat d'une jeunesse florissante, et c'est alors seulement qu'elle nous entretient de sa chasteté, et fait voir que cette beauté ne l'avait point précipité dans l'incontinence. En effet, la beauté ne provoque pas plus nécessairement la débauche, que la laideur ne fait la chasteté. Beaucoup de femmes parées de tous les charmes du corps ont brillé, grâce à la chasteté, d'un éclat encore plus vif tandis que d'autres qui étaient difformes et repoussantes ont eu dans l'âme encore plus de difformité, et se sont souillées d'innombrables prostitutions. Ce n'est pas dans le corps, c'est dans l'âme et dans la volonté que résident les principes de ce vice comme de cette vertu.

7. Ce n'est pas sans intention qu'il lui applique deux fois le nom de vierge. Rappelez-vous qu'après avoir dit : *Cette vierge était très belle*, il ajoute : *Elle était vierge, aucun homme ne l'avait connue*. C'est parce qu'il ne manque pas de vierges qui, tout en conservant leur corps intact, ouvrent l'accès de leur âme à tous les désordres, coquetteries, manèges pour attirer de toutes parts une foule d'amants autour d'elles, regards propres à enflammer les espérances des jeunes gens, gouffres et embûches de toutes sortes ; c'est pour cela, dis-je, que Moïse, voulant indiquer que Rébecca n'était pas semblable à ces filles, mais qu'elle était vierge à la fois de corps et d'âme,

prend soin d'ajouter : *Elle était vierge, aucun homme ne l'avait connue*. Cependant ce n'est pas faute d'occasions qu'aucun homme ne l'avait connue : je dis cela d'abord à cause de sa beauté ; et en second lieu, à cause de l'office qu'elle remplissait. Si elle était restée perpétuellement dans sa chambre, comme les jeunes filles d'aujourd'hui, si elle ne s'était jamais montrée sur la place, si elle n'était jamais sortie de la maison paternelle, l'éloge eût été moins grand à dire qu'aucun homme ne l'avait connue. Mais si vous vous la représentez allant sur la place, obligée de se rendre chaque jour à la fontaine, une fois, deux fois et plus, et que vous songiez ensuite qu'aucun homme ne la connut, c'est alors que vous comprendrez parfaitement la valeur de l'éloge. On a vu plus d'une jeune fille qui n'était ni belle ni gracieuse, et qu'escortaient une quantité de suivantes, perdue néanmoins pour avoir passé une fois ou deux sur la place publique. Que direz-vous donc de celle qui sort chaque jour seule de la maison paternelle, et cela, non seulement pour aller sur la place, mais pour se rendre à la fontaine et rapporter de l'eau, courses qui l'exposent nécessairement à mille rencontres ? N'est-elle pas vraiment digne de toute notre admiration, lorsque ni ces sorties, continuelles, ni les charmes qui l'embellissent, ni les passants qui s'offrent partout à sa vue, rien, en un mot, ne peut porter atteinte à sa pureté, lorsqu'elle sait maintenir son âme et son corps à l'abri de la corruption, garder plus strictement la chasteté que les femmes qui restent enfermées chez elles, se montrer enfin pareille à celle que Paul demande en ces termes : *Qu'elle soit sainte de corps et d'esprit* ? (1 Cor.

VII, 34.) *Étant donc descendue à la fontaine, elle remplit d'eau sa cruche et remonta : Alors le serviteur courut à sa rencontre et lui dit : Laisse-moi boire un peu à ta cruche. Elle répondit : Bois, seigneur, et elle s'empressa de prendre sa cruche sur son bras, et elle lui donna à boire jusqu'à ce qu'il fût désaltéré. Puis elle ajouta : je puiserai aussi pour tes chameaux, jusqu'à ce que tous aient bu. Et elle s'empressa de vider sa cruche dans l'abreuvoir : et elle courut au puits afin de tirer de l'eau pour tous les chameaux.* (Gen. XXIV, 16-20.)

Grande était la charité de cette femme, grande sa chasteté ; ces deux points sont bien établis, tant par ses actions que par ses paroles. Vous avez vu comment sa chasteté ne nuisait point en elle à la charité, comment d'autre part la charité ne compromettait point sa chasteté. Ne s'être point précipitée au-devant de l'étranger, ne lui avoir point parlé la première, voilà pour la chasteté ; n'avoir point résisté par signes ou paroles à sa demande, c'est le fait d'une charité et d'une humanité peu communes. En effet, de même qu'elle aurait fait paraître de l'effronterie et de l'impudence si elle était allée à sa rencontre ou lui avait parlé avant qu'il eût rien dit ; de même, si elle l'avait repoussé quand il invoquait son assistance, elle se serait montrée dure et inhumaine. Mais elle sut éviter ces deux écueils : la chasteté ne l'a pas rendue infidèle aux lois de l'hospitalité ; son hospitalité n'a pas su davantage diminuer les éloges dus à sa chasteté ; c'est dans leur intégrité qu'elle a manifesté ces deux vertus : la chasteté, en attendant la demande de l'étranger ; l'hospitalité, une hospitalité au-dessus de toute louange, en lui fournissant ce qu'il demandait. Hospitalité au-dessus de toute louange, ai-je dit ; comment nommer, en effet, celle qui, non contente d'accorder ce qu'on demande, offre encore quelque chose de plus. Sans doute, son présent n'était que de l'eau ; mais c'est tout ce qu'elle avait alors sous la main. Or l'usage est de mesurer la générosité des hôtes, non à la richesse de leur don, mais aux ressources sur lesquelles ils le prélèvent. C'est ainsi que Dieu a loué l'homme qui avait donné un verre d'eau fraîche, et a dit que la femme qui avait offert deux petites pièces de monnaie avait donné plus que personne, parce qu'elle avait sacrifié tout ce qu'elle possédait alors. De même Rébecca fit largesse à ce brave étranger de tout ce qu'elle avait à lui offrir. Ce n'est pas sans intention que le texte emploie ces expressions ; elle se hâta, elle courut, et autres semblables ; c'est pour montrer le zèle avec lequel elle agit en personne qui n'est ni contrainte, ni forcée, qui agit sans hésitation ni répugnance. Ceci n'est pas insignifiant : n'avons-nous pas vu plus d'une fois un passant que nous prions de s'arrêter un instant et de nous laisser allumer notre torche à la sienne, ou de nous donner, pour nous désaltérer, un peu de l'eau qu'il portait, s'y refuser et nous repousser avec brusquerie ? Rébecca, au contraire, non contente d'incliner sa cruche en faveur de l'étranger, va jusqu'à prendre la peine de puiser de l'eau pour tous les chameaux, mettant ainsi avec la plus grande bonté, sa personne même au service de la charité. Ce n'est pas seulement son action, mais encore son empressement qui témoigne de sa vertu ; elle appelle seigneur un inconnu qu'elle voit pour ta première fois. Et de même que son futur beau-père Abraham ne demandait pas aux voyageurs : qui êtes-vous ? de quelle famille ? où allez-vous ? d'où venez-vous ? et profitait sans retard de l'occasion offerte à sa charité ; de même Rébecca ne demanda pas : qui es-tu ? de quelle famille ? quel est le motif qui t'amène ? mais pressée de saisir l'aubaine qui se présentait à son zèle, elle négligeait toutes ces questions superflues. Ceux qui achètent des perles afin de les échanger contre de l'or ne songent qu'à s'enrichir aux dépens des acheteurs, et non à les importuner de questions curieuses. Ainsi Rébecca ne pense qu'à recueillir le fruit de l'hospitalité, qu'à recevoir entière la récompense proposée. Elle n'ignorait pas que les étrangers pèchent moins que personne par excès d'audace ; ils ont besoin d'un accueil empressé qu'un excès de réserve ne vienne pas refroidir ; si nous nous avisons de les obséder de questions indiscrètes, ils s'effarouchent, ils se dérobent, ils ne viennent plus à nous qu'à regret. Aussi s'en garda-t-elle bien dans cette occurrence, et son beau-père de même, quand il recevait des hôtes ; il craignait trop d'effrayer le gibier ; il se contentait de donner ses soins au voyageur, et quand il avait tiré d'eux le profit désiré, alors il les congédiait.

8. C'est pour cela qu'il reçut un jour des anges dans sa maison : s'il les avait pressés de questions, sa récompense eût été diminuée d'autant. En effet, ce que nous admirons en lui, ce n'est pas qu'il ait reçu des anges, c'est qu'il les ait reçus sans les connaître. S'il leur avait donné ses soins à bon escient, il n'y aurait là rien de surprenant ; la dignité de tels hôtes aurait rendu courtois et humain

l'homme le plus dur et le plus insensible. Ce qu'il faut admirer, c'est que, les prenant pour des voyageurs vulgaires, il leur ait prodigué des soins si empressés. Rébecca fut digne d'Abraham : elle ignorait le nom du serviteur, le but de son voyage, l'intention qu'il avait de la demander en mariage : elle ne voyait en lui qu'un voyageur et un étranger. Aussi la récompense de sa charité fut-elle d'autant plus grande, qu'elle avait accueilli avec une bienveillance parfaite un homme absolument inconnu, tout en restant fidèle aux lois de la chasteté. Ni effronterie, ni hardiesse, ni excès d'instances, ni mauvaise humeur : elle sut remplir son office sans se départir de la réserve convenable. C'est à quoi Moïse fait allusion en disant : *L'homme la considérait en silence, afin de s'assurer si le Seigneur avait béni son voyage.* (Gen. XXIV, 21.) Que veut dire ceci : *Il la considérait ?* Cela veut dire qu'il observait son maintien, sa démarche, sa physionomie, son langage, tout enfin avec un grand soin, cherchant à lire dans ses gestes le secret de son âme. Ce n'est pas tout : il veut recourir encore à une autre épreuve. Lorsqu'elle l'eut désaltéré, il ne s'en tint pas là, et lui dit : *Fais-moi savoir de qui tu es la fille : y a-t-il dans la maison de ton père un lieu où je puisse descendre ?* (Gen. XXIV, 23.) Quelle est sa réponse ? Avec beaucoup de patience et de douceur, elle dit le nom de son père. Elle aurait pu se fâcher et répondre. Mais toi, qui es-tu donc, indiscret, qui t'enquiers si curieusement de notre maison ? Au lieu de cela, elle répondit : Je suis fille de Bathuel, fils de Melcha, qui l'est de Nachor. Il y a chez nous de la paille et du fourrage en abondance, et un endroit pour les hôtes. (Ib, V, 24, 25.)

Encore cette fois, comme lorsqu'il s'agissait de l'eau, elle lui donne plus qu'il ne demandait. Alors il ne demandait qu'à boire : elle lui offrit de désaltérer ses chameaux et les désaltéra en effet. C'est la même chose ici : il lui demandait seulement s'il y avait de la place pour les hôtes, elle lui apprend qu'il y a de la paille, du fourrage et le reste, le tout afin de l'engager, de l'attirer à la maison, et de recueillir ainsi le prix de l'hospitalité. N'écoutons pas ceci à la légère, ni par manière de distraction, mais songeons à nous-mêmes, mettons-nous à la place des personnages, c'est ainsi que nous apprécierons la vertu de Rébecca. Souvent, quand il nous faut héberger, des amis, des connaissances, nous nous y prêtons à regret, et si leur séjour se prolonge durant une ou deux journées, nous voilà de mauvaise humeur. Rébecca n'avait affaire qu'à un étranger, un inconnu ; cependant elle met tout son empressement à l'attirer dans sa maison, et cela, sachant bien qu'elle sera obligée de donner ses soins, non seulement à lui, mais encore à ses chameaux. Le serviteur entre : remarquez une nouvelle et plus forte preuve de son intelligence. Elle lui offre du pain : *Je ne mangerai pas*, répond-il, *avant d'avoir dit ce que j'ai à dire.*

Voyez-vous cette activité, cette tempérance ? On l'invite à parler : considérons le langage qu'il tient. Va-t-il leur dire qu'il a un maître de haut rang, universellement honoré, le premier personnage, sans contredit, de la contrée qu'il habite ; s'il eût voulu parler sur ce ton, il n'aurait pas été embarrassé. En effet, les gens du pays honoraient Abraham à l'égal d'un roi. Mais il ne dit rien de pareil ; il passe sur ces titres humains, et c'est de la faveur divine qu'il décore Abraham en disant : *Je suis serviteur d'Abraham, le Seigneur a comblé mon maître de ses bénédictions ; et il a été exalté ; et il lui a donné des brebis et des bœufs, de l'or et de l'argent.* (Gen. XXIV, 34, 35.) S'il fait mention de ces richesses, ce n'est point pour montrer qu'Abraham est dans l'aisance, mais pour faire voir qu'il est aimé de Dieu ; ce n'est pas de les posséder qu'il le loue, mais de les avoir reçues de Dieu. Il arrive ensuite au jeune homme. *Et Sara, femme de mon maître, lui a donné un fils alors qu'il était déjà vieux.* Ici il veut appeler l'attention sur le miracle de cette naissance, en la représentant comme un bienfait de la faveur divine, en dehors des lois de la nature. Et pareillement, si quelqu'un de vous cherche une femme ou un mari, qu'il examine avant tout si la personne qu'il a en vue est aimée de Dieu, si la bonté céleste lui prodigue ses faveurs. Car si cela se trouve en elle, tout le reste s'ensuit : dans le cas contraire, possédât-elle la plus belle fortune et la mieux assurée, c'est comme si elle n'avait rien. Ensuite le serviteur, afin qu'on ne lui demande pas Pourquoi n'a-t-il pas épousé une femme de son pays ? ajoute aussitôt après : *Mon maître m'a fait prêter serment et il m'a dit : Tu ne donneras pas pour femme à mon fils une des filles des Chananéens ; mais tu te rendras dans la maison de mon père, et dans ma tribu, et tu choisiras là une épouse pour mon fils.* (Gen. XXIV, 37, 38.) Mais je ne veux pas vous rapporter ici toute l'histoire, de peur que vous ne me trouviez importun. Arrivons donc à la fin. Quand il eut raconté comment il s'était arrêté à la fontaine, comment il avait fait une prière à la jeune fille, comment elle lui avait donné plus qu'il ne demandait, comment Dieu avait été son médiateur ; enfin, quand il eut tout narré dans le plus grand détail, il finit alors de parler. Les autres, après avoir entendu ce récit, n'hésitèrent plus un instant, et sans faire attendre leur réponse, comme inspirés par Dieu lui-même, ils accordèrent leur fille sur-le-champ. *Ceci est l'ordre de Dieu*, répondirent Laban et Balhuel, *nous ne pouvons donc disputer contre toi. Voici Rébecca, emmène-la et pars ; et qu'elle soit la femme de ton maître, suivant la parole du Seigneur.* (Gen. XXIV, 50, 51.) Qui ne s'étonnerait ? qui ne resterait frappé de surprise, en songeant au nombre et à la gravité des obstacles levés ainsi dans un instant ? L'envoyé était un étranger, un serviteur ; la distance à parcourir était considérable ; ni le jeune homme, ni son père, ni aucun de ses parents n'était connu. C'était assez d'une de ces difficultés pour empêcher le mariage ; rien ne l'empêcha pourtant, et comme si Isaac était un voisin, une connaissance, un ami du premier jour, ils lui donnent leur fille avec une entière confiance : c'est que le médiateur était Dieu. En effet, essayons-nous de faire quelque chose sans son appui, ce qui semblait tout simple et tout aisé ne nous offre plus que précipices, qu'abîmes, que chances contraires. Au contraire quand il est avec nous et qu'il nous assiste, le projet le plus difficile à exécuter réussit comme de lui-même. En conséquence, n'entreprenons rien, ne disons rien, sans avoir d'abord invoqué Dieu, et l'avoir prié de mettre la main lui-même à ce qui nous occupe, ainsi qu'a fait le serviteur.

9. Voyons maintenant, la demande accordée, comment se firent les noces. Traîna-t-il derrière lui des joueurs de cymbales, de flûte, des danseurs, des

tambours, et tout cet appareil que l'on connaît ?
Rien de tout cela : seule il avait reçu Rébecca, seule
il l'emmena, sans autre compagnon que l'ange qui
lui faisait escorte, en accomplissement de la prière
qu'Abraham avait faite à Dieu, de protéger le
voyage de son serviteur, quand il aurait quitté la
maison. Et la jeune femme était conduite à son
époux, sans qu'elle eût entendu ni flûte, ni lyre, ni
autres instruments, mais la tête toute chargée de bénédictions célestes, couronne supérieure en éclat
aux plus riches diadèmes. Elle était conduite à son
époux, parée non de tissus d'or, mais de chasteté, de
piété, de charité, de toutes les vertus enfin. Elle était
conduite à son époux, non sur un char couvert, ni
sur quelque autre siège d'apparat, mais sur le dos
d'un chameau. C'est qu'alors, indépendamment de
leurs vertus, les jeunes filles avaient un tempé-
rament robuste. En effet, leurs mères ne les éle-
vaient pas comme c'est la mode aujourd'hui, et ne
compromettaient point leur santé à force de bains,
de parfums, de fard, de vêtements moelleux, enfin
par mille autres superfluités propres seulement à les
amollir ; au contraire, elles les soumettaient aux
plus rudes épreuves. Aussi avaient-elles une beauté
florissante, et de bon aloi, attendu qu'elle devait
tout à la nature et rien à l'artifice. Aussi jouissaient-
elles d'une santé à l'abri de toute atteinte, et leurs
grâces étaient-elles incomparables, parce que leur
corps n'était jamais incommodé par la maladie et
que la mollesse leur était inconnue. En effet, les
peines, les fatigues, l'habitude de faire tout par soi-
même, en chassant la mollesse, donnent une force,
une santé inébranlable. Par là on les rendait plus ca-

pables d'inspirer aux hommes la tendresse et l'amour ; car ils trouvaient en elles, non seulement plus de perfections corporelles, mais encore plus de qualités morales et plus de sagesse. Elle était donc sur un chameau, ; arrivée dans le voisinage, avant qu'elle fût proche de la maison, elle leva les yeux, vit Isaac, et sauta à bas du chameau. Voyez-vous cette force ? voyez-vous cette agilité ? elle saute à bas d'un chameau. Telle était la vigueur qui se joignait à la sagesse, chez les filles de ce temps ! et elle dit au serviteur : *Quel est cet homme qui s'avance dans la plaine ? Le serviteur répondit : Mon maître. Alors, prenant son voile, elle s'en enveloppa.* (Gen. XXIV, 65.) Reconnaissez partout sa chasteté, contemplez sa pudeur et sa modestie. Et *Isaac la reçut pour femme, et il la chérit, et elle adoucit le chagrin qu'il avait eu de la mort de sa mère Sara.* (Gen. XXIV, 67.) Ces mots, il la chérit, elle adoucit le chagrin qu'il avait eu au sujet de sa mère, ce n'est pas pour rien que je les cite ; j'ai voulu vous faire entendre quels charmes Rébecca avait apportés de chez elle, pour mériter tant de tendresse et d'amour. Et qui aurait pu ne pas chérir une femme si sage, si réservée, si humaine, si charitable et si douce, une femme si virile par le cœur, si robuste par le corps ? Ce que j'en ai dit n'est point pour me faire écouter, ni pour obtenir vos éloges, mais pour exciter votre émulation. Vous, pères, imitez la sollicitude que montra le patriarche, afin de faire épouser à son fils une femme vraiment vertueuse ; il ne rechercha ni la fortune, ni la noblesse, ni la beauté, ni aucun autre avantage que l'excellence de l'âme. Vous, mères, c'est dans cette pensée que vous devez élever vos filles. Quant aux jeunes gens qui voudront les prendre pour femmes, qu'ils célèbrent leurs noces avec la même décence ; loin d'eux les danses, les éclats de rire, les propos grossiers, les flûtes, et toute cette magnificence diabolique, et tout ce qui peut y ressembler : qu'ils prient seulement Dieu d'être leur médiateur dans toutes leurs démarches. Si nous menons toujours ainsi nos affaires, il n'y aura ni divorce, ni soupçon d'adultère, ni motif de jalousie, ni batailles, ni querelles, mais nous goûterons toutes les douceurs de la paix et de la concorde, auxquelles viendront nécessairement se joindre toutes les vertus. De même que, lorsque l'homme et la femme sont divisés, tout s'en ressent dans la maison, quand bien même toutes les autres affaires iraient à souhait : de même, lorsque la paix et la concorde règnent, tout prend du charme, quand bien même l'orage éclaterait cent fois par jour. Si l'on se marie comme je le demande, il sera bien facile d'amener les enfants à la pratique de la vertu. En admettant que la mère soit ce que j'ai dit : réservée, chaste, riche de toutes les vertus, certes elle sera bien en état de gagner son mari et de le maîtriser par la tendresse qu'elle lui inspirera ; et quand elle l'aura gagné, elle trouvera en lui un auxiliaire plein de zèle pour l'éducation de ses enfants. Elle amènera ainsi Dieu lui-même à partager sa sollicitude. Alors, Dieu lui-même prêtant son assistance à ce ménage si bien dirigé, cultivant lui-même les âmes des enfants, tous les ennuis auront disparu ; tout sera pour le mieux dans la maison, comme dans l'âme des maîtres, et chacun pourra de la sorte, avec sa maison, j'entends avec sa femme, ses enfants et ses serviteurs, parcourir sans danger jusqu'au bout sa carrière terrestre, et entrer ensuite dans le royaume des cieux, bonheur que je vous souhaite à tous d'obtenir, par la grâce et la charité de Notre-Seigneur Jésus-Christ, avec lequel gloire et puissance, au Père et à l'Esprit saint et vivifiant, maintenant et toujours, et dans les siècles des siècles.

Ainsi soit-il.

ÉPHÉSIENS V. 22-24
HOMÉLIE XX

FEMMES, SOYEZ SOUMISES À VOS MARIS COMME AU SEIGNEUR ; PARCE QUE L'HOMME EST LE CHEF DE LA FEMME, COMME LE CHRIST EST LE CHEF DE L'ÉGLISE, ET IL EST AUSSI LE SAUVEUR DE SON CORPS. COMME DONC L'ÉGLISE EST SOUMISE AU CHRIST, AINSI LE SOIENT EN TOUTES CHOSES LES FEMMES À LEURS MARIS. (V, 22-24, JUSQU'À LA FIN DU CHAP.)

Analyse.

1. Institution du mariage : son but.

2. Le Christ, modèle des époux.

3 et 4. L'amour, devoir du mari : la crainte, devoir de la femme.

5-9. Moyens d'entretenir la concorde entre époux. — Du désintéressement. — De l'éducation de la femme par

1. Un sage, en énumérant diverses béatitudes, comprend dans le nombre le sort de « La femme qui s'accorde avec son mari ». (Ecclés. XXV, 2.) Ailleurs encore il met au rang des félicités la concorde parfaite de la femme et du mari. Dès l'origine, Dieu a montré pour l'union conjugale une sollicitude particulière : il désigne l'homme et la femme comme ne faisant qu'un, par ces mots : « Il les fit mâle et femelle » ; de même ailleurs « Il n'y a ni homme ni femme ». (Galat. III, 28.) En effet, il y a moins de rapport d'homme à homme qu'il n'y en a entre un homme et une femme associés par une union légitime. Voilà pourquoi, encore, un bienheureux voulant exprimer une extrême affection, et le chagrin que lui causait la mort d'un de ses amis les plus intimes, au lieu d'employer les mots de père, de mère, d'enfant, de frère, d'ami, dit : « Ton affection est tombée sur moi comme l'amour des femmes ». (I Rois, I, 26.) C'est qu'il n'est pas, non, il n'est pas de sentiment plus impérieux que celui-là. Il y a d'autres affections vives : mais cette passion réunit la durée à la vivacité. Au fond de notre nature est un amour caché qui, par un secret instinct, opère cette union des sexes. C'est pour cela que, à l'origine, de l'homme est sortie la femme, et que, depuis, homme et femme procèdent de l'homme et de la femme. Voyez-vous cette association parfaite, cet entrelacement, par où Dieu a pourvu à ce qu'aucune essence étrangère ne pénétrât dans la nôtre ? Et voyez combien de soins il a pris. Il a permis que

l'homme épousât sa propre sœur, ou plutôt sa fille, ou plutôt encore sa propre chair. Pour consommer entre eux une union parfaite, il a pris les choses à l'origine, comme lorsqu'il s'agit de bâtir. Il n'a pas fait la femme d'une autre substance, afin que l'homme ne vît pas en elle une étrangère ; et il n'a pas borné l'institution du mariage à ce premier couple, de peur que l'homme ne s'enfermât dans la solitude et ne vécût séparé de ses semblables. Et de même que les plantes les plus belles sont celles qui, s'élevant d'une souche unique, se développent en une quantité de rameaux, et s'il y avait beaucoup de racines, l'arbre n'aurait plus rien de remarquable ; de même, Dieu voulut que du seul Adam sortît toute notre espèce, nous contraignant par là de rester unis et associés. Et afin de resserrer davantage nos liens, il n'a plus voulu que l'on épousât sa sœur ni sa fille : car alors notre affection aurait été concentrée sur un objet unique, et ç'eût été parmi nous une autre cause de désunion. De là ces paroles : « Celui qui les a faits au commencement, les a faits mâle et femelle ».

C'est l'origine de grands maux, de grands biens aussi, pour les familles, pour les cités. En effet, la société humaine n'a pas de lien aussi fort que l'amour entre l'homme et la femme : c'est aussi la cause de bien des batailles et de bien des damnations. Ce n'est pas sans raison ni sans motif que Paul attache à cette union une si grande importance, et dit : « Femmes, soyez soumises à vos maris comme au Seigneur ». Pourquoi ? Parce que si les époux sont unis, les enfants sont bien élevés ; les serviteurs, obéissants : voisins, amis, parents, profitent de la bonne odeur que répand ce ménage. S'ils sont désunis, tout est dans le désordre et la confusion : ainsi que tout est dans l'ordre quand les chefs vivent en paix, et que leurs dissensions provoquent une perturbation générale. D'où ces paroles : « Femmes, soyez soumises à vos maris comme au Seigneur ». Mais quoi ! d'où vient donc qu'il est écrit ailleurs : Si quelqu'un ne renonce pas à sa femme, à son mari, il ne peut me suivre ? S'il faut être soumis comme au Seigneur, comment peut-il être dit qu'il faut renoncer pour le Seigneur ? Oui, il faut être soumis : mais le mot « Comme » n'indique point nécessairement parité. Ou Paul veut dire : Comme sachant que vous servez le Seigneur ; c'est ce qu'il indique ailleurs en disant que si l'on ne fait pas une chose pour son mari, il faut la faire pour le Seigneur ; ou bien encore : Quand vous cédez à votre mari, croyez que vous lui obéissez comme servante du Seigneur. En effet, si « Celui qui résiste à la puissance extérieure et civile, résiste à l'ordre de Dieu » (Rom. XIII, 2), à plus forte raison est-ce vrai de l'épouse insoumise. C'est ainsi que Dieu a statué dès l'origine. Représentons-nous donc le mari comme tenant le rang de chef ; la femme, comme occupant la place du corps. Ensuite il a recours au raisonnement : « Parce que l'homme est le chef de la femme, comme le Christ est le chef de l'Église, et il est aussi le sauveur de son corps. Comme donc l'Église est soumise au Christ, ainsi le soient en toutes choses les femmes à leurs maris ». Après avoir dit : « L'homme est le chef de la femme, comme le Christ est le chef de l'Église, et il est aussi le sauveur », il ajoute : « De son corps ». Car la tête est le salut du corps. Voilà le précepte de l'amour et celui de la protection établis pour l'homme et pour la femme : Paul assigne à chacun sa place, à l'un l'autorité et la protection ; à l'autre, la soumission.

2. « Comme donc l'Église est soumise au Christ » : l'Église, hommes et femmes ; « Ainsi le soient les femmes à leurs maris », comme à Dieu. « Maris, aimez vos femmes comme le Christ a aimé l'Église (25) ». Vous avez entendu quelle complète soumission il prescrit : vous avez approuvé et admiré Paul comme un homme supérieur et spirituel, pour avoir resserré ainsi notre société. Écoutez maintenant, hommes, ce qu'il exige de vous ; il recourt encore au même exemple « Maris, aimez vos femmes comme le Christ a aimé l'Église ». Vous avez vu jusqu'où doit aller l'obéissance : écoutez maintenant jusqu'où doit aller la tendresse. Tu veux que ta femme t'obéisse, comme l'Église au Christ ? Veille donc sur elle comme le Christ sur l'Église : Fallût-il donner ta vie pour elle, être déchiré mille fois, tout souffrir, tout endurer, ne recule devant rien : quand tu aurais fait tout cela, tu n'aurais encore rien fait de comparable à ce qu'a fait le Christ... Car avant de te dévouer pour ta femme, tu es uni à elle : tandis que le Christ s'est immolé pour ceux qui le haïssaient et l'avaient en aversion. Fais donc pour ta femme ce qu'il a fait pour ce peuple qui le haïssait, l'abhorrait, le méprisait, l'insultait ; sans menaces, sans injures, sans terreur, par l'unique instrument de son infinie sollicitude, il a amené son Église à ses pieds. De même, quand bien même ta femme ne te témoignerait que dédain, mépris, insolence, il ne tient qu'à toi de la ramener à tes pieds à

force de bonté, d'amour, de tendresse. Car il n'y a pas d'attache plus forte, principalement entre homme et femme. Par la crainte on peut lier les mains à un serviteur, et encore ne tardera-t-il pas à s'échapper : mais la compagne de ta vie, la mère de tes enfants, la source de tout ton bonheur, ce n'est point par la crainte, par les menaces qu'il faut l'enchaîner, mais par l'amour et l'affection. Qu'est-ce qu'un ménage où la femme tremble devant le mari ? Quelle joie y a-t-il pour l'époux, quand il vit avec son épouse comme avec une esclave, et non comme avec une femme libre ? Quand bien même vous auriez souffert quelque chose pour elle, ne le lui reprochez pas : suivez en cela même l'exemple du Christ...

« Il s'est livré lui-même pour elle, afin de la sanctifier en la purifiant (26) ». Elle était donc impure, laide, vile, repoussante. Quelque femme que vous épousiez, elle ne ressemblera jamais à ce qu'était l'Église quand le Christ l'épousa ; il n'y aura jamais entre vous la distance qui séparait le Christ de l'Église : néanmoins le Christ ne prit point en horreur, en aversion cette effrayante laideur. Voulez-vous savoir jusqu'où allait cette difformité ? Écoutez Paul qui vous dit : « Vous étiez autrefois ténèbres ». (Éphés. V, 8.) Vous voyez si elle était noire : quoi de plus noir que les ténèbres ? Voyez maintenant son impudence : « Vivant dans la méchanceté et l'envie ». (Tit. III, 3.) Et encore son impureté : « Indociles, insensés ». Que dis-je ? Elle était folle, elle blasphémait : néanmoins le Christ s'est livré pour cette épouse difforme comme si elle avait été la plus belle, la plus chérie, la plus admirable des femmes.

C'est ce qui faisait dire à Paul étonné : « Certes, à peine quelqu'un mourrait-il pour un juste ». (Rom. V, 7.) Et encore : « Si, lorsque nous étions encore pécheurs, le Christ est mort pour nous ». (Ibid. 8, 9.) Le mariage accompli, il la pare, il la lave, il ne répugne pas à de pareils soins. « Afin de la sanctifier, en la purifiant parle baptême d'eau, par la parole ; pour la faire paraître devant lui une église glorieuse, n'ayant ni tache, ni ride, ni rien de semblable, mais pour qu'elle soit sainte et immaculée (27) ». Par le baptême, il lave son, impureté. « Par la parole », ajoute-t-il : quelle parole ? Au nom du Père, et du Fils et du Saint-Esprit. Et il ne se borne pas à la parer, il la rend glorieuse : « N'ayant ni tache, ni ride, ni rien de semblable ». Recherchons donc, nous aussi, cette beauté, et nous pourrons en devenir les créateurs. Ne demandez pas à votre femme ce qui n'est point son fait. Ne voyez-vous pas que l'Église doit tout au Seigneur : c'est par lui qu'elle est devenue glorieuse, par lui qu'elle a été faite immaculée. Que la laideur de votre femme ne soit pas pour vous un motif d'aversion. Écoutez plutôt l'Écriture : « Petite est l'abeille parmi les êtres ailés, et son miel surpasse toutes les douceurs ». (Eccl. XI, 3.) Votre femme est un ouvrage de Dieu ; lui manquer, c'est manquer à son auteur : l'injure n'est pas pour elle.

Ne la louez pas de sa beauté : louer, haïr, aimer pour ce motif, tout cela part d'une âme déréglée. Recherchez la beauté de l'âme imitez l'époux de l'Église. La beauté physique est une source intarissable d'orgueil et de vanité : elle provoque la jalousie, les soupçons outrageants. Mais elle a des attraits ? Oui, pour un mois ou deux, pour un an tout au plus : après quoi c'est fini, et l'admiration s'émousse par l'habitude, tandis que les maux engendrés par la beauté subsistent, je veux dire, l'orgueil, la vanité, la hauteur. Mais il n'en est pas de même pour les attraits d'un autre genre : l'amour légitime qu'ils inspirent subsiste dans sa vivacité, comme attaché à la beauté de l'âme, et non à celle du corps.

3. Qu'y a-t-il de comparable au ciel, dites-moi, de comparable aux astres ? Quelque corps que vous me citiez, il a moins de blancheur : vous ne me montrerez pas d'yeux qui aient un pareil éclat. Quand ces objets parurent, les anges furent saisis d'admiration ; cette admiration, nous l'éprouvons aussi maintenant, mais non pas comme à l'origine. Tel est l'effet de l'habitude : elle émousse l'admiration : à plus forte raison, quand il s'agit d'une femme. De plus, survient-il une maladie, voilà tout le charme envolé. Cherchons dans une femme la bonté, la modération, la douceur : tels sont les signes de la vraie beauté ; quant aux attraits du corps, ne nous en inquiétons pas, et ne cherchons pas querelle à notre femme à propos de choses qui ne dépendent point d'elle : lui chercher querelle, ce, serait de l'impudence ; mais de plus n'éprouvons ni peine ni chagrin à ce propos. Combien d'hommes unis à de belles femmes ont péri misérablement ! Combien, dans d'autres conditions, ont poussé jusqu'à l'extrême vieillesse une vie constamment heureuse ! Nettoyons les taches de l'âme, effaçons les rides intérieures, guérissons les imperfections morales. C'est ce genre de beauté que Dieu recherche : rendons notre femme belle au gré de Dieu, et non

pas au nôtre... Soyons indifférents à la fortune, à la noblesse mondaine, ne nous soucions que de la noblesse de l'âme : Que nul ne compte sur sa femme pour l'enrichir : ce sont là des richesses honteuses et mal acquises ; ne songez point à la fortune en vous mariant. Il est écrit : « Ceux qui veulent s'enrichir tombent dans la tentation, dans les convoitises insensées et funestes, dans les pièges, la perte et la ruine ». (I Tim. VI, 9.) Ne demandez donc point une grande fortune, et vous trouverez tout le reste facilement. Qui est-ce, dites-moi, qui laissera l'essentiel pour s'occuper de choses d'un moindre intérêt ? Hélas ! combien de fois cela nous arrive ! Avons-nous un fils ? nous ne nous occupons pas d'en faire un honnête homme ; mais de lui procurer un riche mariage : nous ne tenons pas à le bien élever, mais à le bien pourvoir ; si nous faisons un métier, nous ne songeons point à le faire honnêtement, mais à le rendre lucratif ; l'argent est tout : et si la corruption est partout, la faute en est à cette passion qui nous possède. « Les maris doivent aimer leurs femmes comme leur propre corps (28) ». Qu'est-ce à dire ? Paul recourt ici à une image plus forte, à un exemple plus frappant : et non seulement plus frappant, mais encore plus rapproché de nous, plus sensible, et équivalent à une nouvelle preuve. Le premier argument était moins pressant, on pouvait y répondre : c'est le Christ, c'est un Dieu qui s'est livré lui-même. Paul recourt alors à une autre méthode, en disant : « Ils doivent ainsi », Ce n'est plus une grâce, c'est une dette. Après avoir dit : « Leurs corps », il ajoute : « Car personne n'a jamais haï sa chair ; mais il la nourrit et la soigne (29) » : en d'autres termes, s'en occupe avec une grande sollicitude. Et comment est-ce sa chair ? Écoutez plutôt « C'est maintenant l'os de mes os, et la chair de ma chair ». (Gen. 11, 23.) Et bien plus « Ils seront dans une seule chair ». (Éph. v, 31.) « Comme le Christ a aimé l'Église ». Il revient à son premier exemple. « Parce que nous sommes les membres de son corps, formés de sa chair et de ses os (30) ». Comment cela ? C'est qu'il participe de la même matière que nous, comme la chair d'Ève, de la chair d'Adam. C'est à bon droit qu'il nomme les os et la chair : car c'est ce qu'il y a d'essentiel en nous : les os sont comme le fondement, et la chair comme le reste de l'édifice.

Pour Adam et Ève la chose est claire, mais elle ne l'est pas autant pour le Christ et l'Église. — Paul veut dire que l'union doit être la même ici. Qu'est-ce à dire : « De sa chair ? » C'est-à-dire, légitimement issus de lui : Et comment sommes-nous ainsi membres du Christ ? Parce que nous avons été faits selon lui. Et pourquoi « De sa chair ? » Vous le savez, vous qui participez à nos mystères : car voilà ce qui nous régénère. Et comment ? Écoutez encore notre saint : « Parce que les enfants ont part à la chair et au sang, semblablement il a participé, lui aussi, des mêmes choses ». Mais ici c'est lui qui s'est associé à nous, ce n'est pas nous qui nous associons à lui : comment donc pouvons-nous être de sa chair et de son sang ? Quelques-uns parlent du sang et de l'eau : mais non : ce qu'il veut montrer, c'est que, comme le Christ a été engendré sans commerce par l'opération du Saint-Esprit, ainsi nous sommes, nous, engendrés dans le baptême. Voyez que d'exemples, pour nous convaincre de cette génération. Ô démence des hérétiques ! Ils tombent d'accord de la véritable génération, par l'eau, d'une chose déjà engendrée : et ils n'admettent pas que nous soyons le corps du Christ. Mais, si nous ne le sommes pas, comment accorder avec le reste ces paroles : « De sa chair et de ses os ? » Réfléchissez : Adam a été formé, le Christ a été enfanté : du flanc d'Adam est sorti le trépas ; du flanc du Christ est issue la vie dans le paradis a germé la mort ; sur la croix a été consommée la destruction de la mort.

4. Ainsi, de même que le Fils de Dieu participe de notre nature, nous participons, nous, de sa substance : et de même qu'il nous a en lui, nous l'avons en nous. « À cause de cela, l'homme laissera son père et sa mère, et s'attachera à sa femme ; et ils seront deux dans une seule chair (31) ». Troisième argument : il montre que l'on quitte ses parents, les auteurs de ses jours, pour s'attacher à sa femme : et dès lors le père, la mère et l'enfant forment une chair unique résultant de l'union conjugale : car c'est la combinaison des semences qui produit l'enfant : de sorte que tous trois ne forment qu'une chair. De même, nous devenons une seule chair avec le Christ par la participation : et cela, encore bien plus effectivement que l'enfant. Pourquoi ? Parce qu'il en a été ainsi dès l'origine. Ne venez pas me dire que votre femme est comme ceci ou comme cela. Ne voyons-nous pas que dans la chair aussi nous sommes sujets à beaucoup d'imperfections ? L'un est boiteux, l'autre pied bot, un autre perclu des mains, un autre faible dans quelque autre membre : néanmoins, il ne se plaint pas de ce

membre imparfait, il ne le retranche pas : souvent même il le préfère à tout autre : rien de plus naturel, il est le sien. — Paul veut donc que nous ayons pour notre femme autant d'affection que chacun en a pour soi-même : non comme participant de la même nature ; notre rapport légitime avec notre femme est plus étroit : il consiste en ce que nous ne formons plus deux corps, mais un seul, dont l'un forme la tête, l'autre le corps. — Et comment dit-il ailleurs que « Dieu est la tête du Christ ? » —Oui, de même que nous formons un seul corps, de même le Christ et le Père ne font qu'un. Il en résulte que le Père aussi est notre tête. Paul allègue deux exemples, celui du corps et celui du Christ : de là ce qu'il ajoute : « Ce mystère est grand : je le dis dans le Christ et dans l'Église (32) ». Qu'entend-il par là ? Il appelle ce mystère grand parce que le bienheureux Moïse, ou plutôt Dieu avait fait allusion à quelque chose de grand et de merveilleux. Il ajoute : « Je le dis dans le Christ », parce que le Christ aussi a quitté son Père pour descendre, pour venir vers l'épouse, et former un seul esprit : « Car celui qui s'unit au Seigneur est un seul esprit avec lui ». (I Cor. VI, 17.) C'est fort à propos qu'il dit : « Ce mystère est grand » ; cela revient à dire : D'ailleurs l'allégorie ne détruit pas le précepte d'amour.

« Que chacun de vous donc aime sa femme comme lui-même ; mais que la femme craigne son mari (33) ». Oui, c'est un mystère, un grand mystère, qu'on oublie son père, l'auteur de ses jours, celui par qui on a été élevé, celle par qui on a été enfanté dans la souffrance, ceux à qui l'on doit tant, et à qui l'on est attaché par un commerce journalier, pour s'unir à une femme que l'on n'a jamais vue, avec laquelle on n'a rien de commun, et de la préférer à tout. Oui, c'est bien un mystère. Et cela ne cause aucune peine aux parents c'est le contraire qui leur en cause : il faut qu'ils se mettent en frais, en dépense, et néanmoins ils se réjouissent. Oui, c'est un grand mystère, qui enveloppe une sagesse ineffable. Dès longtemps Moïse l'avait prophétisé : et voici que Paul, à son tour, s'écrie : « Dans le Christ et dans l'Église ». D'ailleurs, cela n'est pas dit seulement en vue du Christ, mais encore en vue de la femme, afin que le mari en ait soin comme de sa propre chair, comme le Christ a soin de l'Église. « Mais que la femme craigne son mari ». Ce n'est pas seulement la tendresse qu'il recommande : il veut encore « Que la femme craigne son mari ». La femme est une puissance subordonnée. Qu'elle ne réclame donc point l'égalité : elle est au-dessous du chef. Et que d'autre part le mari ne méprise point en elle sa sujette : elle est le corps ; et si le chef vient à mépriser le corps, il se perd lui-même. Qu'il fasse donc de la tendresse un contrepoids à l'obéissance. Que tous deux soient, en effet, comme le chef et le corps ; celui-ci prêtant à l'autre, pour son service, les mains, les pieds, tous les autres membres : celui-là veillant sur le précédent, et concentrant en soi tout le sentiment. Rien de supérieur à une pareille union. Mais comment, dira-t-on, y aurait-il affection, s'il y a crainte ? Rien, au contraire, n'est plus propre à l'entretenir. La femme craint, mais elle aime ; elle craint son mari, en l'aimant, comme son chef ; elle l'aime comme un membre de son corps, attendu que la tête fait partie du corps entier. Si Dieu a donné l'autorité à l'un, prescrit à l'autre la soumission, c'est afin de faire régner la paix. C'est en vain qu'on chercherait la paix, là où règne l'égalité, soit que la famille reste sans maître, ou que tous y soient maîtres ; il y faut un pouvoir unique. Du moins cela est vrai des hommes charnels : car entre hommes spirituels, la paix régnera toujours. On a vu cinq mille âmes réunies, sans que personne réclamât aucun bien comme sa propriété, ni sortît de la dépendance commune : grande preuve de sagesse et de crainte de Dieu. Ainsi Paul a dit en quoi, consiste la tendresse, mais non en quoi consiste la crainte.

5. Et voyez comme il s'étend sur l'amour, et en rappelant l'exemple du Christ, et en insistant sur l'identité de chair, en disant : « À cause de cela, l'homme laissera son père et sa mère »; sur la crainte, plus de détails. Pourquoi ? Parce que, ce qu'il veut voir régner surtout, c'est la tendresse. Qu'elle existe, tout le reste s'ensuit : en son absence, tout fait défaut. Celui qui aime sa femme, la trouvât-il médiocrement docile, saura tout supporter : pareillement, la concorde sera la chose du monde la plus difficile, si la liaison n'est pas resserrée par l'instinct impérieux de l'amour : quant à la crainte, elle ne saurait jamais produire un tel effet. Voilà pourquoi il insiste davantage sur ce point, qui est capital. Et en réalité l'avantage est pour la femme, à qui pourtant la crainte est ordonnée : l'obligation la plus essentielle est celle de l'homme qui doit aimer. Et si ma femme ne me craint pas ? dira-t-on. Aimez-la, payez votre contingent... Peu importe que les autres ne nous secondent pas : il faut obéir de nôtre côté. Par exemple, il est écrit : « Soumis les uns aux

autres dans la crainte du Christ ». Mais si les autres ne pratiquent pas cette soumission ? Eh bien ! obéissez, vous, à la loi de Dieu. Il en est de même ici : La femme doit craindre, ne fût-elle pas aimée, afin qu'aucun obstacle ne vienne d'elle : et l'homme doit aimer sa femme, n'en fût-il pas craint, afin de ne pas se mettre lui-même en faute : car chacun a son devoir particulier. Voilà le mariage selon le Christ, le mariage spirituel, la génération spirituelle, qui ne procède pas du sang, que n'accompagne point la douleur. De ce genre fut la génération d'Isaac : écoutez plutôt ce que dit l'Écriture : « Et les pertes de Sara avaient cessé ». (Gen. XVIII, 11.) Voilà le mariage qui ne procède ni de la passion ni du corps, le mariage tout spirituel que contracte une âme jointe à Dieu par des liens ineffables que lui seul connaît. De là ces paroles : « Celui qui est uni au Seigneur est un seul esprit avec lui ». (I Cor. VI, 17.)

Voyez-vous comme Paul s'applique à unir chair à chair, esprit à esprit ? Où sont les hérétiques ? Si le mariage était blâmé, l'Écriture n'emploierait point ces noms d'épouse et d'époux : elle ne dirait point en forme d'exhortation : « L'homme laissera son père et sa mère»; elle n'ajouterait point : « Je le dis dans le Christ et dans l'Église ». En effet, c'est de l'Église que parle le psalmiste, en disant : « Écoute, ma fille, vois, penche ton oreille oublie ton peuple et la maison de ton père et le roi désirera ta beauté ». De là ces paroles du Christ : « J'ai quitté mon père, et je suis venu ». Mais ces mots par lesquels il annonce qu'il a quitté son Père, ne doivent pas vous représenter un déplacement pareil à ceux des hommes. On lit ailleurs qu'il est sorti, pour indiquer, non une véritable sortie, mais l'incarnation : c'est ainsi que doit être ici entendue cette expression, qu'il a quitté son Père. Pourquoi maintenant Paul n'a-t-il pas dit également de la femme. Elle s'attachera à son mari ? Pourquoi ? Parce qu'il parle de l'amour, et qu'il s'adresse à l'homme. Quant à elle, il lui parle de la crainte, et lui dit « L'homme est le chef de la femme », et de plus : « Comme le Christ est le chef de l'Église » ; à l'homme, il parle de l'amour, il remet le sort de sa femme entre ses mains, il l'entretient du devoir d'aimer, afin de resserrer les liens de son attachement. Comment serait-il excusable, celui qui, après avoir quitté son père pour sa femme, délaisserait ensuite sa femme elle-même ? Ne voyez-vous pas de quel honneur Dieu a voulu faire jouir votre épouse, puisqu'il vous détache de votre père, pour vous enchaîner à elle ? Mais, dira-t-on, si je remplis mes devoirs, et que de son côté elle n'en fasse pas autant ? « Si l'infidèle se sépare, qu'il se sépare, car notre frère ou notre sœur n'est plus asservie en ce cas ».

Mais quand vous entendez dire : La crainte, c'est la crainte qui convient à une femme libre : n'exigez pas une crainte servile. Votre femme est votre corps : lui manquer, c'est vous insulter vous-même, c'est profaner votre corps : De quelle crainte s'agit-il ? De la crainte qui prévient les contradictions, les révoltes, l'ambition du premier rang : c'est entre ces limites que la crainte doit se tenir. Si vous aimez comme il vous est prescrit, vous la renforcerez : ou plutôt, ce n'est plus par la crainte que vous agirez : car la tendresse elle-même a son efficacité. Ce sexe est un peu faible ; il a besoin de beaucoup d'aide, de beaucoup de condescendance. Mais que vont dire ceux qui convolent en secondes noces ? Je ne dis pas cela pour les condamner : À Dieu ne plaise ! puisque l'apôtre les absout : je condescends au contraire à leur faiblesse. Pourvoyez à tous les besoins de votre femme, ne négligez rien pour ses intérêts, n'épargnez pas votre peine : c'est un devoir impérieux. Paul, ici, ne juge pas à propos d'invoquer des exemples mondains, comme il fait souvent. Celui du Christ est assez grand, assez frappant pour lui suffire surtout en ce qui concerne la soumission. « Il laissera son père et sa mère ». Voilà qui est emprunté au monde. Mais il ne dit pas « habitera avec elle », il dit : « S'attachera à elle », marquant par là une complète union, une vive tendresse. Et il ne s'en tient pas là parce qu'il ajoute, il représente la soumission sous de telles couleurs, que les deux ne paraissent plus qu'un. Il ne dit pas : En esprit ; il ne dit pas : En âme. C'est chose évidente, et possible à chacun ; il dit : De telle façon qu'ils ne forment qu'une chair.

6. La femme est elle-même une puissance investie d'autorité et d'égalité en beaucoup de choses ; néanmoins, l'homme a toujours une supériorité. Voilà la principale sauvegarde du ménage. Car si l'homme a reçu le rôle du Christ, ce n'est pas seulement pour aimer, mais encore pour instruire : « Afin qu'elle soit sainte et immaculée » ; tandis que ces mots : « Chair », « Il s'attachera », regardent l'obligation d'aimer. En effet, si vous savez rendre votre femme sainte et immaculée, tout le reste s'ensuit. Cherchez les choses de Dieu, et les choses humaines vous viendront d'elles-mêmes. Faites

l'éducation de votre femme ; c'est par là que l'union s'établit dans le ménage. Écoutez plutôt ce que dit Paul : « Si elles veulent savoir quelque chose, qu'elles interrogent à la maison leurs propres maris ». (I Cor. XIV, 35.) Si nous administrions ainsi nos maisons, nous nous rendrons aptes à diriger aussi l'Église : car le ménage est une petite Église. C'est par là que maris et femmes peuvent surpasser tout le monde en vertu. Songez à Abraham, à Sara, à Isaac, à leurs trois cent dix-huit serviteurs ; rappelez-vous quelle union, quelle piété régnaient dans toute leur maison. Sara sut remplir le précepte de l'apôtre, et craindre son mari ; c'est elle-même qui dit : « Il ne m'est pas arrivé jusqu'ici, et monseigneur est vieux ». (Gen. XVIII, 12.) Quant à Abraham, il l'aimait au point de céder à toutes ses prières. Leur fils était vertueux, leurs serviteurs eux-mêmes, dignes d'admiration ; eux, qui ne craignirent point de partager les périls de leur maître, qui s'y associèrent sans hésitation, sans vaine excuse : que dis-je, l'un d'eux, le principal, était si accompli, qu'Abraham lui confia le soin de marier son fils unique, et le fit voyager à l'étranger. Quand un général a fortement organisé son armée, aucun ennemi n'ose l'attaquer : il en est de même ici ; lorsque femme, enfants, serviteurs, concourent au même but, une parfaite concorde règne dans le ménage ; au contraire, s'il n'en est pas ainsi, un mauvais serviteur suffit souvent pour tout ruiner, tout perdre ; et ce désastre général est l'œuvre d'un seul homme. Veillons donc avec grand soin sur nos femmes, nos enfants, nos serviteurs, bien convaincus que nous faciliterons par là l'exercice de notre autorité, et que nos comptes en deviendront plus légers, plus faciles à rendre, que nous pourrons dire : « Me voici avec les enfants que Dieu m'a donnés ». (Isaïe, VIII, 18.) Si l'homme est accompli, si le chef est irréprochable, le reste du corps résistera à toutes les atteintes.

Ainsi donc, Paul nous instruit à merveille des obligations de la femme et de celles du mari : à la femme, il prescrit de craindre son mari, comme son chef ; à l'homme, d'aimer sa femme, parce qu'elle est sa femme. — Mais comment arriver là ? dira-t-on. — Paul a dit quel est le devoir : les moyens d'accomplir ce devoir, je vais vous les indiquer. Il faut mépriser les richesses, ne songer qu'à une chose, la vertu, et avoir la crainte de Dieu devant les yeux. — Ici s'applique tout aussi bien ce qui est dit au sujet des serviteurs : « Ce que chacun leur aura fait de mal ou de bien, il le recevra du Seigneur. S'il faut aimer sa femme, c'est moins en vue d'elle-même, qu'en vue du Christ. C'est ce que l'apôtre indique par ces mots : « Comme au Seigneur ». Que votre conduite soit donc en tout celle d'un homme qui obéit au Seigneur et fait tout en vue de lui : Voilà le moyen de gagner le cœur, de persuader, d'empêcher toute querelle et toute discorde. Que la femme n'ajoute foi à aucune dénonciation contre son mari. Que le mari ne croie pas inconsidérément et à la légère ce qu'on lui dit contre sa femme ; que celle-ci ne, scrute pas avec curiosité les allées et venues de son mari, qui, de son côté, ne doit donner matière à aucun soupçon. Dis-moi, crois-tu qu'en te livrant tout le jour à tes amis, et ne paraissant que le soir auprès de ta femme ; tu pourras contenter son affection, écarter de son esprit la défiance ? Si elle se plaint, ne t'en fâche pas ; car ses plaintes prouvent sa tendresse, non son exigence : ce sont les cris d'un amour ardent qui craint qu'on ne lui ait ravi son bonheur, le premier de ses biens ; qu'on ne lui ait enlevé son chef, qu'on n'ait attenté à ses droits.

Ces craintes pusillanimes peuvent aussi avoir une autre raison ; il ne faut pas montrer une affection excessive pour ses serviteurs, pour les femmes en ce qui concerne le mari, pour les hommes en ce qui concerne la femme ; car c'est souvent un motif de défiance. Veuillez vous représenter la conduite des justes. Sara, elle-même, invitait le patriarche à prendre Agar ; Sara l'en pressait, personne ne pouvait vaincre la résistance d'Abraham ; bien que parvenu à l'extrême vieillesse sans avoir d'enfants, il aimait mieux ne devenir jamais père que de chagriner sa femme. Néanmoins, quand tout fut accompli, que dit Sara ? « Que Dieu juge entre moi et toi ». Est-ce que, si Abraham avait été un homme comme un autre, il ne se serait pas mis en colère ? Est-ce qu'il n'aurait pas levé la main en disant, ou à peu près : Que dis-tu ? Je ne voulais pas avoir commerce avec cette femme : c'est toi qui l'as voulu, et voici que tu me fais des reproches ? Mais il ne dit rien de pareil ; il dit seulement : « Voici cette servante entre tes mains, fais-en ce que tu jugeras à propos ». Il livra la compagne de sa couche, pour ne pas affliger Sara. Et pourtant il n'est pas d'union qui crée un lien aussi fort. En effet, s'il suffit d'une réunion à table pour réconcilier des brigands mêmes avec leurs ennemis (le Psalmiste dit « Toi qui goûtais avec moi les douceurs du repas »), à plus forte raison l'union de deux personnes en une seule chair (car c'est ce qui arrive pour celles dont la couche est commune), est-elle propre à faire naître l'affection. Aucune de ces considérations, néanmoins, ne triompha du juste : il céda à sa femme, montrant ainsi qu'il n'était pour rien dans ce qui s'était passé ; et, qui plus est, il renvoya Agar, enceinte. Qui n'aurait pitié d'une femme enceinte de ses œuvres ? Néanmoins, le juste ne faiblit pas ; car il faisait passer avant tout l'amour qu'il portait à sa femme.

7. Sachons l'imiter. Que l'un des époux, s'il est plus riche, ne reproche pas à l'autre sa pauvreté. L'amour de l'argent perd tout. Que la femme ne dise pas à son mari : Homme timide et lâche, esprit paresseux et somnolent, tel autre à côté de toi, malgré la bassesse de sa naissance et de sa position, à force de périls bravés et de voyages entrepris, est parvenu à ramasser de grandes richesses ; sa femme, couverte d'or, parcourt la ville dans un beau char attelé de mules blanches, traînant après elle une troupe d'esclaves et d'eunuques ; et toi, tu n'es qu'un poltron, et ta vie est complètement inutile. Non, qu'une femme n'aille pas tenir ce langage, ni un langage pareil ; car elle est le corps, non pour commander au chef, mais pour lui céder et lui obéir. Et comment donc, dira-t-on, supportera-t-elle la pauvreté ? Où trouvera-t-elle des consolations ? Qu'elle se représente celles qui sont plus pauvres qu'elle ; qu'elle compte combien de filles nobles, loin de rien recevoir de leurs maris, les ont enrichis et se sont ruinés ; qu'elle songe aux périls qui accompagnent la richesse : et une vie libre d'affaires lui paraîtra le bonheur même. Mais à tout prendre, si elle aime son mari, elle ne lui dira rien de pareil ;

elle aimera mieux l'avoir auprès d'elle, pauvre comme il est, que de posséder dix mille talents d'or, au prix des soucis, des inquiétudes, que les voyages causent toujours aux femmes. D'autre part, que le mari, importuné de ces reproches, ne se prévale pas de son autorité pour en venir aux injures et aux coups : qu'il exhorte, qu'il conseille, qu'il raisonne avec elle comme avec un esprit plus faible que le sien, que jamais il ne lève la main ; cela répugne à une âme libre : pas même d'injures ni d'invectives, qu'il corrige sa femme, comme un être inférieur à lui-même en raison. Comment y parvenir ? Si l'on sait en quoi consiste la vraie richesse, si l'on est initié à la philosophie céleste, on se gardera de pareils reproches... Que le mari enseigne à sa femme que la pauvreté n'est pas un mal ; qu'il le lui enseigne, non seulement par ses paroles, mais encore par sa conduite ; qu'il lui inspire le mépris de la vaine gloire, et la femme ne dira, ne désirera rien de semblable. Que, l'entourant d'un pieux respect dès le premier soir qu'elle a mis le pied chez lui ; il lui enseigne la tempérance, la modestie, la douceur, à mener toujours une vie honnête, à ne pas aimer l'argent, à pratiquer la philosophie chrétienne, à ne pas charger d'or ses oreilles, son visage, son cou, à ne pas thésauriser en secret, à préférer une simplicité élégante aux vêtements somptueux et dorés, au luxe insolent. Loin de toi cet étalage théâtral ! Orne ta maison avec décence et bon goût, et qu'on y respire, en entrant, au lieu de parfums, la modération et la sagesse. Deux avantages, ou plutôt trois résulteront de là : d'abord la jeune femme ne sera pas affligée, la noce finie, de voir renvoyer à ceux qui les ont fournis vêtements, objets d'or, vases d'argent : en second lieu, l'époux n'aura pas à veiller à ce que ces objets ne se perdent point et soient tenus sous bonne garde. Le troisième avantage, et le plus essentiel, c'est que par là même il montrera ses sentiments, le peu de prix qu'il attache à tout cela, le soin qu'il prendra d'interdire tout ce qui y ressemble, ainsi que les danses, les chants licencieux.

Je ne me dissimule pas que je me rends peut-être ridicule aux yeux de quelques-uns en légiférant de la sorte mais si vous suivez mes conseils, avec le temps, quand vous en aurez profité, vous en saurez le prix : vous ne rirez plus, ou plutôt vous rirez de la mode actuelle ; vous verrez que des pratiques pareilles ne sauraient convenir qu'à des enfants sans raison ou à des hommes ivres : qu'au contraire, la conduite que je vous trace est celle de la décence, de la sagesse et du christianisme... Qu'est-ce donc que je prescris ? De bannir du mariage toute chanson licencieuse, satanique, tout refrain indécent, toute affluence de jeunes débauchés : voilà le moyen d'inspirer la pudeur à votre femme. Elle se dira aussitôt : Quel homme est mon mari ! il est philosophe, il compte pour rien la vie présente, il m'a épousée pour avoir des enfants, pour les élever, pour que sa maison soit gardée. Mais ces pensées déplaisent à une jeune femme : oui, le premier, le second jour : plus tard, c'est différent : elle trouvera un grand bonheur à jouir d'une sécurité parfaite. En effet, un homme qui ne supporte ni le son de la flûte, ni la vue des danses, ni la licence des chansons, et cela, au jour de son mariage, celui-là ne consentira jamais, certes, à rien faire, à rien dire de honteux. Ensuite, après avoir pris soin d'écarter du mariage tout cet appareil, commencez l'éducation de votre femme : laissez-lui longtemps ses craintes pudiques, ne les chassez pas d'un coup. Car la jeune fille la plus hardie reste un temps silencieuse, par réserve à l'égard de son mari, et par ignorance. Respectez donc d'abord cette réserve ; n'imitez pas l'empressement déréglé de certains hommes ; sachez attendre longtemps vous vous en trouverez bien... Pendant ce temps elle ne vous fera pas de reproches ; elle ne trouvera pas à redire à vos décisions.

8. Profitez, pour lui tracer des règles de conduite, du temps où la honte, semblable à un frein, l'empêche de se plaindre, de réclamer car elle n'aura pas plutôt son franc-parler, qu'elle sera libre de tout bouleverser. Quel temps pourrait être mieux choisi pour l'éducation d'une femme, que celui où elle rougit encore devant son mari, et n'a pas cessé de le craindre ? Usez de l'occasion pour lui tracer son devoir, et de toute manière, de bon gré ou à contre-cœur, elle vous obéira. Mais comment ne pas lui enlever cette pudeur ? En vous en montrant pénétré comme elle, en lui parlant brièvement, avec retenue et gravité alors vous pourrez lui parler de sagesse ; elle vous écoutera : inspirez-lui cette précieuse disposition, la pudeur. Si vous le voulez, je vous dirai en manière d'exemple, de quelle façon vous devez vous entretenir avec elle. Car, si Paul n'a pas craint de dire : « Ne vous frustrez pas mutuellement » (I Cor. VII, 5), s'il a tenu le langage d'un paranymphe, parlons mieux, d'une âme spirituelle : à plus forte raison ne refuserons-nous pas, nous, de tenir ce langage. Que faut-il donc dire à votre

femme ? Dites-lui avec la grâce la plus parfaite :
Chère petite fille, je t'ai choisie pour la compagne de
ma vie, j'ai associé mon existence à la tienne, dans
les choses les plus importantes et les plus nécessaires d'ici-bas l'éducation des enfants et le gouvernement de la famille. Qu'est-ce donc que je te
demande ? Mais non : avant tout, entretenez-la de
votre amour : car rien n'est plus propre à disposer
celui qui nous écoute à agréer nos paroles, que la
conviction qu'elles nous sont inspirées par une vive
tendresse. Comment donc montrer votre tendresse ?
En disant : Je pouvais épouser une femme plus
riche, d'une naissance plus illustre ; je ne l'ai pas
voulu, j'ai aimé tes vertus, ta douceur, ta pudeur ; ta
modestie. Puis, arrivez aux discours de morale, dé-
préciez la richesse en prenant un certain détour. Car
si vous vous étendiez sans précaution sur ce sujet,
vous seriez importun : si vous saisissez une occasion, vous arriverez à vos fins. Votre discours semblera alors une apologie ; vous ne paraîtrez plus un
homme dur, farouche, à vues étroites : et même, en
vous entendant la prendre elle-même pour point de
départ, votre femme sera charmée. Vous lui direz
donc (puisqu'il faut revenir sur ce que j'ai dit) que,
pouvant épouser une femme riche, vous ne l'avez
pas voulu. Pourquoi ? ce n'est point par caprice, ni
sans raison, direz-vous : c'est parce que je savais
que la fortune n'est pas un bien, mais une chose méprisable, et qui échoit souvent aux voleurs, aux
courtisanes, aux profanateurs de tombeaux.

Aussi ai-je tout dédaigné pour ne voir que les
qualités de ton âme, que j'estime au-dessus de tous
les trésors ; car une fille sage, de sentiments élevés,

et pieuse, vaut le monde entier. Voilà pourquoi je me suis attaché à toi ; voilà pourquoi je t'aime et te préfère à ma propre vie, car la vie présente n'est rien ; mais je t'adresse mes prières, mes recommandations, et je fais tout pour qu'il nous soit donné, après avoir passé la vie actuelle dans un mutuel amour, d'être encore réunis et heureux dans la vie future. Tout ce qui est d'ici-bas est court et fragile : mais si nous avons su nous rendre dignes de la bonté de Dieu, au sortir de ce monde, nous serons éternellement avec Jésus-Christ, éternellement l'un avec l'autre, au sein d'une félicité parfaite. Ton affection me plaît par-dessus tout, et rien ne me serait aussi pénible que d'avoir en quoi que ce soit une autre pensée que la tienne. Quand il me faudrait tout perdre, devenir plus pauvre qu'Irus, encourir les plus extrêmes périls, tout souffrir, rien ne me coûtera, rien ne m'effraie pourvu que je possède ton amour, et je souhaiterai des enfants quand tu auras de la tendresse pour moi.

En outre, il faudra conformer votre conduite à ces paroles. Mêlez à cela les paroles apostoliques, dites : Ainsi Dieu veut que notre affection mutuelle soit resserrée. « À cause de cela, dit l'Écriture, l'homme laissera son père et sa mère, et s'attachera à sa femme ». Loin de nous toute occasion de querelles : fi des richesses, des troupes d'esclaves, des honneurs du monde ! Voici pour moi le bien suprême. Quelles richesses, quels trésors auraient la même valeur, aux yeux d'une femme, que de telles paroles ? Ne crains point que ton amour n'inspire de l'orgueil à ta femme : n'hésite pas à le lui avouer. Une de ces courtisanes qui s'abandonnent tantôt à l'un, tantôt à l'autre, pourrait se prévaloir de ces paroles tendres pour opprimer ses amants ; mais une femme bien née, une fille de bonne maison, loin de se laisser enorgueillir par un tel langage, n'en sera au contraire que plus soumise. Montre-lui que tu attaches un grand prix à sa société, et que tu aimes mieux, à cause d'elle, être à la maison, que sur la place : préfère-la à tous tes amis, aux enfants mêmes que tu as d'elle, et que tu dois aimer pour elle. Si elle fait quelque chose de bien, il faut la louer, la féliciter ; si elle fait quelques sottises comme s'en permettent les jeunes femmes, avertis-la, rappelle-lui ses devoirs. Ne laisse pas échapper une seule occasion de t'élever contre la richesse et le luxe, de faire valoir la parure qui consiste dans la décence et la pudeur, de donner en un mot tous les conseils opportuns.

9. Faites vos prières en commun : allez chacun de votre côté à l'église : et qu'au retour le mari demande compte à sa femme, la femme à son mari de ce qui a été dit et lu... Éprouvez-vous quelque gêne ? Cite l'exemple de ces saints, comme Paul et Pierre, dont la gloire surpasse celle de tous les riches et de tous les monarques, et rappelle comment ils ont vécu en proie à la soif, à la faim : enseigne qu'il n'y a rien à craindre en ce monde, si ce n'est d'offenser Dieu. Un pareil mariage ne sera guère inférieur à la vie monastique ; de tels époux auront peu de chose à envier aux célibataires. Veux-tu donner un repas, un festin ? Au lieu d'inviter quelque libertin sans vergogne, va chercher un saint pauvre en état de bénir votre maison, d'y apporter, en entrant, la bénédiction de Dieu, et invite-le. Faut-

il ajouter encore quelque chose ? qu'aucun de vous, mes bien-aimés, n'ambitionne de se marier avec une femme plus riche que lui : mieux vaudrait la choisir plus pauvre. Une femme riche vous apportera moins de jouissances par sa fortune que d'ennui par ses exigences, ses prétentions, ses grandes dépenses, ses paroles hautaines et méprisantes. Elle dira peut-être Je n'use rien qui soit à toi, je m'habille à mes dépens et sur les revenus qui me viennent de ma famille. Que dis-tu là ? Tu t'habilles à tes dépens ? quelle folie ! Ton corps ne t'appartient plus : et tu t'appropries les biens ! Une fois mariés, l'homme et la femme ne font plus qu'un, et vous auriez non pas une fortune commune, mais deux fortunes distinctes ! Ô fatal amour de l'argent ! Vous n'êtes qu'un même être, une même vie, et vous parlez encore du tien et du mien ! Parole exécrable et criminelle, inventée par l'enfer ! Dieu nous a rendu communes des choses plus nécessaires que les richesses ; il n'est pas permis de dire : La lumière est à moi ; le soleil est à moi ; l'eau est à moi ; les biens les plus importants nous sont communs ; l'argent seul ne le serait pas entre deux époux ! Périsse mille fois l'argent, ou plutôt, non : mais périsse cet attachement à l'argent, qui ne sait pas en user, et qui l'estime au-dessus de tout !

Apprends ces choses-là, avec le reste, à ta femme : mais avec une grande bonté. L'exhortation à la vertu a par elle-même quelque chose de trop sévère, surtout si elle s'adresse à une jeune personne délicate et timide. Quand donc tu t'entretiendras avec elle de notre philosophie, mets-y beaucoup de grâces, et cherche principalement à arracher de son âme le tien et le mien. Si elle dit : Ceci est à moi, réponds aussitôt : que réclames-tu comme étant à toi ? Je l'ignore : car, pour moi, je n'ai rien en propre ; et ce n'est pas telle ou telle chose, c'est tout ce qui t'appartient. Passe-lui donc cette parole. Ne vois-tu pas comme on fait avec les petits enfants ? Quand un enfant nous a pris un objet de la main, et veut en avoir encore un autre, nous les lui abandonnons tous les deux, et nous disons : Oui, cela est à toi, et cela aussi. Faisons de même pour la femme, car c'est une âme d'enfant. Si elle dit : Ceci est à moi, dis-lui : Oui, tout est à toi, et moi aussi, tout le premier, je suis à toi. Et ce ne sera pas flatterie, mais sagesse. Ainsi, tu pourras tour à tour apaiser sa fougue, et guérir son abattement. Il y a flatterie, quand on s'abaisse dans une intention coupable : ici au contraire, il n'y a qu'une grande sagesse. Dis donc à ta femme : Et moi aussi, je suis à toi, ma chère fille ; c'est le précepte que m'adresse Paul en disant : « Le mari n'est pas maître de son propre corps, mais c'est l'épouse ». (I Cor. VII, 4.) Si je ne suis plus maître de mon corps, s'il t'appartient, à plus forte raison en est-il ainsi de l'argent. Par un tel langage vous la calmez, vous éteignez son courroux, vous faites honte au diable : enchaînée par ces paroles, votre femme devient plus soumise qu'une esclave achetée à prix d'argent. Apprenez-lui donc par vos discours à ne plus employer ces mots de Tien et de Mien. Jamais ne l'appelez par son nom tout court : flattez-la, marquez-lui des égards, une affection profonde. Honorez-la, et elle ne désirera pas d'autres hommages : la gloire extérieure aura peu de prix à ses yeux, si vous la glorifiez vous-même. Mettez-la au-dessus de tout en toute chose, en beauté, en intelligence ; et vantez-la. Par là vous l'amènerez à ne faire aucune attention aux étrangers, à dédaigner tout ce qui n'est pas vous-même. Enseignez-lui la crainte de Dieu : tout le reste s'ensuivra en abondance, et les prospérités rempliront votre demeure. Si nous cherchons les biens éternels, les biens périssables ne nous feront pas défaut : « Cherchez d'abord le royaume de Dieu, et toutes ces choses vous seront données par surcroît ». (Matth. VI, 33.) Que devront être les enfants issus de parents aussi vertueux ; les esclaves attachés au service de tels maîtres ; enfin, tout ce qui les approche ! Toutes ces personnes ne seront-elles pas, elles aussi, comblées de prospérités de tout genre ? En général, les serviteurs se modèlent sur leurs maîtres, affectent leurs passions, aiment ce qu'ils leur ont appris à aimer, parlent comme eux, vivent comme eux. Si nous travaillons à nous modeler ainsi nous-mêmes, les yeux fixés sur les Écritures, elles nous donneront les leçons les plus instructives : par là, nous pourrons plaire au Seigneur, passer vertueusement toute la vie présente, et obtenir enfin les biens promis à ceux qui aiment Dieu desquels puissions-nous tous être jugés dignes, par la grâce et la bonté de Notre-Seigneur Jésus-Christ, avec qui gloire, puissance, honneur au Père et au Saint-Esprit, maintenant et toujours, et dans les siècles des siècles.

Ainsi soit-il.

ÉPHÉSIENS VI. 1-3, 4
HOMÉLIE XXI

ENFANTS, OBÉISSEZ À VOS PARENTS DANS LE SEIGNEUR ; CAR CELA EST JUSTE. HONORE TON PÈRE ET TA MÈRE (C'EST LE PREMIER COMMANDEMENT FAIT AVEC UNE PROMESSE), AFIN QUE BIEN T'ARRIVE, ET QUE TU VIVES LONGTEMPS SUR LA TERRE. (VI, 1-3, 4.)

Analyse.

1 et 2. De l'obéissance et du respect filial.

3. De l'éducation.— Danger des études profanes quand on n'y allie point celle des saintes Écritures.

4. Réfutation de l'objection tirée de ce que l'enfant est destiné à vivre dans le monde. — Exemples divers : le saint solitaire Julien. — Que les parents peuvent être responsables de l'indocilité de leurs enfants.

1. Celui qui façonne une statue, donne la première place à la tête ; puis vient le cou ; enfin les pieds. Saint Paul ne procède pas autrement dans ce discours. Il a parlé de l'homme, il a parlé de la femme, puissance subordonnée : il passe au troisième degré de la hiérarchie, les enfants. Car si la femme a pour maître le mari, les enfants sont soumis à la fois au mari et à la femme. Considérez donc ce que dit l'apôtre : « Enfants, obéissez à vos parents dans le Seigneur. C'est le premier commandement fait avec une promesse ». Il ne parle plus ici du Christ ni des choses d'en-haut : car il s'adresse à des esprits faibles encore ; par la même raison, il ne prolonge pas son exhortation : il sait que les enfants sont incapables de suivre un long discours. De même, il ne dit rien du royaume de Dieu : car, à cet âge, on n'est pas apte à entendre ce langage. Il se borne à la promesse la plus flatteuse pour une âme enfantine, celle d'une longue vie. En effet, si l'on venait à s'enquérir de la raison pour laquelle il a passé le royaume de Dieu sous silence, et s'est borné à répéter le précepte contenu dans la loi, nous répondrions que c'est à cause de l'âge de ceux à qui il s'adresse, et parce que, à supposer que le père et la mère soient dans des dispositions conformes à la loi qu'il leur donne, la soumission des enfants ne sera pas bien difficile à obtenir. Car, partout où la base est solide, le début heureux, le reste marche aisément et régulièrement. Le difficile, c'est de jeter les bases, de poser les fondements. « Enfants, obéissez à vos parents dans le Seigneur », c'est-à-dire, selon le Seigneur ; ou encore : C'est Dieu qui vous l'ordonne. Mais s'ils ordonnent des actions crimi-

nelles ? D'abord il n'arrive jamais qu'un père, fût-il criminel lui-même, donne des ordres semblables ; de plus, Paul a prévenu cette objection en disant : « Dans le Seigneur », c'est-à-dire, dans les choses qui n'offensent pas Dieu ; en sorte que, si le père est païen ou hérétique, il ne faut plus lui obéir : car l'obéissance ne serait plus selon le Seigneur.

Mais comment Paul peut-il dire : « C'est le premier commandement ». Le premier commandement, n'est-ce pas : Tu ne commettras point l'adultère, tu ne tueras point ? En disant : « Le premier », Paul ne pense point au rang de ce précepte, mais à la promesse qu'il renferme. Les précédents ne proposent aucune récompense, attendu qu'ils ne regardent que des fautes à éviter ; mais une récompense est attachée à celui-ci, comme prescrivant de bonnes œuvres. Et voyez quel merveilleux fondement assigné à la vertu, que le respect des parents ! Rien de plus naturel. Quand le législateur nous a détournés des mauvaises actions, il commence par nous acheminer aux bonnes, par ce précepte du respect filial, attendu qu'après Dieu c'est à nos parents que nous devons la vie. C'est donc à bon droit qu'ils recueilleront les prémices de nos vertus : les autres hommes ne doivent venir qu'après. Quiconque manque à ce premier devoir, ne saura jamais se bien conduire vis-à-vis des étrangers. Après avoir ainsi indiqué aux enfants leurs obligations, Paul arrive aux parents, et dit : « Et vous, pères, ne provoquez point vos enfants à la colère, mais élevez-les dans la discipline et la correction du Seigneur (4) ».

Il ne dit pas : Aimez-les : cette prescription serait superflue ; la nature parle assez haut, quelle que soit d'ailleurs la volonté. Que dit-il donc ? « Ne provoquez point vos enfants à la colère », comme font tant d'hommes qui déshéritent les leurs, les renient, les oppriment, les traitent enfin en esclaves, et non en hommes libres. De là ce précepte : « Ne provoquez point vos enfants à la colère ». Ensuite, ce qui est l'essentiel, il montre à quelles conditions ils seront obéissants, faisant tout dépendre de leurs chefs, de leurs maîtres. Tout à l'heure, il montrait que la soumission de la femme est l'œuvre du mari ; et c'est même pour cela qu'il s'adresse surtout au mari, l'exhortant à se concilier sa femme par l'empire de la tendresse. De même ici il ramène tout encore au même principe, en disant : « Mais élevez-les dans la discipline et dans la correction du Seigneur ». Voyez-vous comme les biens charnels viennent s'ajouter aux biens spirituels une fois acquis ? Vous voulez rendre votre fils obéissant ? Commencez par l'élever dans la discipline et la correction du Seigneur : ne croyez pas inutile de lui faire entendre les saintes Écritures ; car voici tout d'abord l'enseignement qu'il en recevra : « Honore ton père et ta mère ». Vous ne ferez donc qu'agir dans votre intérêt. Ne dites pas : C'est bon pour des moines ; est-ce que j'en veux faire un moine ? Il n'est pas nécessaire qu'il devienne moine. Pourquoi craindre ce qui est si profitable ? Faites-en un chrétien. C'est surtout aux mondains qu'il importe de se pénétrer de ces leçons, surtout aux enfants : car l'étourderie est grande à cet âge, et cette étourderie est renforcée encore par l'influence des écrits profanes ; lorsqu'ils y voient ceux que les païens vénèrent comme des héros, esclaves de leurs passions ou tremblants devant la mort ; par exemple, un Achille repentant, mourant pour sa concubine ; tel autre qui s'enivre ; que sais-je encore ? Ce n'est donc pas trop des remèdes dont je parle.

2. N'est-il pas absurde, quand nous avons soin d'envoyer nos enfants à l'école, de les mettre en apprentissage, quand nous ne négligeons rien pour cela, de ne pas les élever dans la discipline et la correction du Seigneur ? Aussi sommes-nous les premiers à recueillir les fruits de cette éducation, et nous avons des fils présomptueux, intempérants, indociles, grossiers. Croyez-moi, procédons autrement, et, suivant l'avis de l'apôtre, instruisons-les dans la science du Seigneur. Donnons-leur l'exemple, et que, dès l'âge le plus tendre, ils lisent, ils étudient les divines Écritures. Hélas ! à force de vous répéter cela, je vous parais radoter. N'importe, je ne cesserai d'accomplir mon œuvre. Pour quelle raison, dites-moi, n'imitez-vous pas les anciens ? Vous surtout, femmes, imitez les femmes admirables de ce temps. Vous avez mis au jour un enfant ? Suivez l'exemple d'Anne : Voyez ce qu'elle fit tout d'abord : elle le conduisit au temple. Qui, de vous ne préférerait pas mille fois à une domination exercée sur le monde entier le bonheur d'avoir en son fils un second Samuel ? Et comment faire, dira-t-on, pour le rendre tel ? Pourquoi serait-ce impossible ? Le seul obstacle, c'est que vous ne le voulez pas, que vous ne le remettez pas en des mains capables d'en faire un autre Samuel. Et qui le pourrait ? direz-vous. Dieu : c'est à Dieu qu'Anne confia son fils. Car Héli lui-même n'était pas des plus aptes à cette éducation, puisqu'il ne put pas la

donner à ses propres fils ; mais ce qu'il n'avait pu faire, la foi d'une femme, son zèle, l'opéra. C'était son premier, son unique enfant, elle ignorait si elle en aurait d'autres. Pourtant, elle ne dit pas : J'attendrai que mon fils ait grandi, afin qu'il voie le monde ; je le laisserai jouir des années de son enfance. Anne écarta toutes ces pensées, et ne songea qu'à une chose, à consacrer tout d'abord à Dieu cette offrande spirituelle.

Hommes, rougissons de trouver chez une femme tant de sagesse : elle offre son fils à Dieu, et le laisse dans le temple. Si son mariage lui valut tant de gloire, c'est qu'elle avait commencé par chercher les biens spirituels, c'est qu'elle avait offert ses prémices : voilà pourquoi son sein devint fécond, et lui donna d'autres enfants encore : voilà pourquoi elle vit Samuel illustre dans le monde même. Car si les hommes reconnaissent les hommages qu'on leur rend, ne doit-il pas en être ainsi de Dieu, à plus forte raison, lui qui fait du bien même à ceux qui le négligent ? Jusques à quand serons-nous chair ? jusques à quand vivrons-nous penchés vers la terre ? Faisons tout passer après les soins que nous devons à nos enfants, après l'éducation qu'il faut leur donner dans la discipline et la correction du Seigneur. Si nous leur apprenons tout d'abord la vraie sagesse, ce sera pour eux une fortune, une gloire qui effaceront les plus brillantes. Vous leur rendrez un moindre service en leur enseignant un métier ou les sciences profanes, qui les mettront en état de s'enrichir, qu'en leur enseignant l'art de mépriser les richesses. Si vous voulez qu'ils soient riches, prenez-vous-y de cette manière. Car le riche n'est pas celui qui a beaucoup de besoins et beaucoup de ressources, mais celui qui n'a besoin de rien. Voilà ce que vous devez enseigner à votre fils : nul trésor n'égale celui-là.

Ne visez pas à ce qu'il se signale dans les études profanes, mais occupez-vous de lui apprendre à mépriser la gloire du monde vous le rendrez ainsi capable de s'illustrer. Riche ou pauvre, tout le monde peut en faire autant : ce n'est pas affaire d'école ni de doctrine, mais œuvre de la divine parole. Ne visez pas à ce que votre fils vive longuement ici-bas, mais à ce que là-haut il vive éternellement. Assurez-lui les grands biens, sans vous inquiéter des petits. Écoutez Paul qui vous dit : « Élevez-les dans la discipline et la correction du Seigneur ». Ne vous inquiétez pas d'en faire un orateur, mais faites-en un sage. On peut, sans inconvénient, n'être pas un orateur mais si l'on n'est pas un sage, à quoi bon toute la rhétorique du monde ? On a besoin de bonnes mœurs, et non de beau langage ; de vertu, non d'éloquence ; d'œuvres, non de paroles. Voilà ce qui procure le royaume, voilà ce qui assure la possession des biens véritables. Au lieu d'aiguiser votre langue, purifiez votre âme. Ce n'est pas que je proscrive absolument ce genre d'études, mais il ne faut pas qu'on s'y adonne exclusivement. Ne vous figurez pas que les moines seuls aient besoin des leçons des Écritures : il n'est rien qui soit plus nécessaire aux enfants qui vont entrer dans le monde. Si un vaisseau bien équipé, un bon pilote, des matelots sont utiles non à celui qui ne s'éloigne pas du port, mais à celui qui est toujours en mer : il en est de même à l'égard du moine et du mondain.

L'un est, pour ainsi dire, dans un port tranquille ; il vit exempt des soucis de la vie, à l'abri de toutes les tempêtes. L'autre est constamment en mer, il passe son, existence au milieu des flots, en lutte avec les vagues : il faut qu'il soit prémuni quand bien même il n'aurait pas besoin de défense, ne fût-ce que pour fermer la bouche à autrui.

3. Ainsi donc, plus on sera haut placé dans ce monde, plus on aura besoin de cette éducation. Né dans le palais des rois, on s'y verra entouré de païens, de philosophes, hommes enflés de gloire mondaine, comme dans un lieu rempli d'hydropiques. Tels sont les cours : on n'y trouve qu'orgueil et vanité ; qui n'a pas ces vices, s'efforce de les acquérir. Représentez-vous votre fils entrant dans ce séjour, muni, comme un excellent médecin, de tous les instruments propres à guérir la fièvre générale, s'approchant de chacun, s'entretenant avec lui, et guérissant sa maladie au moyen du contre-poison des Écritures, et du langage de la vraie sagesse. Car, en ce qui regarde le moine, à qui parlera-t-il ? Aux murs, aux toits ? au désert, aux forêts ? aux oiseaux, aux arbres ? Une telle éducation n'est donc pas absolument indispensable au solitaire : néanmoins il tâche de se la donner, non pour la communiquer aux autres, mais dans son propre intérêt. Ce sont donc les gens du monde qui en ont particulièrement besoin : en effet, ce sont eux qui sont le plus exposés au péché. De plus, si vous voulez le savoir, dans le monde même, une telle science sera très-avantageuse à votre enfant. Car tous le respecteront après l'avoir entendu parler de la sorte, lorsqu'ils le verront tra-

verser le feu sans se brûler, et rester insensible à l'ambition : alors cette autorité qu'il ne désire point viendra le trouver, et le roi aura une grande déférence pour lui. Un homme pareil ne peut échapper aux regards. Parmi des gens en santé, l'homme sain peut demeurer caché aux yeux ; mais qu'il soit entouré de malades, la renommée ne peut manquer de porter son nom jusqu'aux oreilles du roi, qui chargera cet homme rare d'un vaste gouvernement.

Instruits de ces vérités, élevez vos enfants dans la discipline et la correction du Seigneur. Mais un tel est pauvre ? Eh bien ! qu'il reste pauvre : il ne sera pas inférieur pour cela aux habitants des palais : on l'admirera, sans qu'il soit le convive des rois, et bientôt il parviendra à cette dignité que le libre arbitre confère, et non l'élection. Si des hommes qui ne valent pas trois oboles, des cyniques, professant une philosophie qui ne vaut pas davantage (je parle de la philosophie des païens), ou plutôt en affichant le nom, font rentrer bien des gens en eux-mêmes, avec leur grossier manteau, et leur chevelure inculte, que sera-ce du philosophe véritable ? Si une vaine apparence, si une ombre de philosophie possède un tel pouvoir, qu'adviendra-t-il, du moment que nous aurons embrassé la vraie, la pure philosophie ? Ne serons-nous pas les objets du respect général ? Ne nous confiera-t-on pas avec pleine sécurité biens, femmes, enfants ? Mais il n'y a pas, non, il n'y a pas aujourd'hui de philosophe pareil : c'est donc en vain que nous chercherions quelque part un exemple. Il en est parmi les moines, il n'en est pas dans le monde. Qu'il y en a parmi les solitaires, j'en pourrais produire de nombreuses preuves : je me bornerai à vous en fournir une.

Vous connaissez sans doute, ou de vue, ou, tout au moins, par ouï-dire, l'homme dont je veux parler : l'admirable Julien. C'était un paysan, de basse naissance, de basse condition ; absolument étranger aux études profanes, mais tout rempli de la philosophie véritable. Quand il entrait dans les villes, ce qui arrivait rarement, l'affluence était plus grande que s'il se fût agi d'un rhéteur, d'un sophiste, de quelque personnage que ce fût. Mais que dis-je ? son nom même n'est-il pas encore aujourd'hui plus glorieux que celui du plus illustre monarque ? Eh bien ! si l'on voit de pareilles choses dans ce monde, dans ce monde où le Seigneur ne nous a promis aucun bien, où il nous a proclamés étrangers, songeons quelles sont aux cieux les récompenses réservées à de pareils hommes. S'ils obtiennent tant d'honneurs dans un séjour qu'ils ne font que traverser, de quelle gloire ne jouiront-ils pas dans leur patrie ? S'ils rencontrent tant de vénération aux lieux où la tribulation leur est promise, quel repos ne goûteront-ils pas là où les vrais honneurs leur sont promis ? Vous voulez maintenant que je vous cite des mondains ? Mais, à l'heure qu'il est, les exemples nous font défaut : non qu'il manque absolument de mondains vivant honnêtement ; mais aucun n'a atteint le faîte de la sagesse. Je vous renverrai donc aux exemples donnés par les saints de l'ancien temps. Combien d'hommes ayant femmes et enfants ont égalé ceux que je vous cite ! Mais il n'en est plus ainsi « à cause de la détresse présente », comme dit notre saint. Qui voulez-vous donc que je vous nomme ? Noé, ou Abraham ? le fils du premier, ou celui du second ? ou encore Joseph ? Ou bien voulez-vous que je passe aux prophètes ? à Moïse ? à Isaïe ?

4. Si vous le trouvez bon, nous nous porterons du côté d'Abraham, que l'on nous cite toujours entre tous. N'avait-il pas une femme ? N'avait-il pas des enfants ? Je ne fais que vous renvoyer ce que vous nous dites à nous-mêmes, Il avait une femme, mais ce n'est pas en cela qu'il était admirable : il était riche, mais ce n'est pas pour cela qu'il plut à Dieu ; il eut des enfants, mais ce n'est pas comme père qu'il a mérité le nom de bienheureux ; il avait trois cent dix-huit esclaves, mais ce n'est pas pour cette raison qu'on l'admirait. Pour quelle raison, alors ? Pour son hospitalité, son dédain des richesses, sa modération. Quel est en effet, dites-moi, le propre d'un sage ? n'est-ce pas de mépriser l'argent et la gloire ? de s'élever au-dessus de l'envie, de toutes les passions ? Eh bien ! faisons comparaître Abraham au milieu de nous, examinons-le, et montrons quel philosophe c'était. D'abord il comptait pour rien sa patrie : « Sors de ton pays, et de ta famille », lui fut-il ordonné ; et aussitôt il s'en alla. Il n'était pas attaché à sa maison, ni par habitude, ni autrement : sans quoi il ne l'eût pas quittée. Plus que personne il faisait bon marché de la gloire et des richesses ; vainqueur dans une guerre, pressé de recueillir les dépouilles de l'ennemi, il dédaigna de le faire. Son fils, de même, ne dut pas sa gloire à ses richesses, mais à son hospitalité ; à ses enfants, Mais à son obéissance ; à sa femme, mais à la stérilité de sa femme. Ils comptaient pour rien la vie présente,

ne thésaurisaient point, dédaignaient tout. Dites-moi, quelles sont les plus précieuses des plantes ? ne sont-ce pas celles qui tirent leur force d'elles-mêmes, qui ne redoutent ni la pluie, ni la grêle, ni les vents, ni aucune intempérie de ce genre, et qui, debout, bravent tous ces assauts, sans avoir besoin de rempart ni d'échalas ? Voilà le sage, voilà la richesse dont je parle : le sage ne possède rien, et possède tout : il a tout, et n'a rien. Un mur est une chose extérieure, une haie n'est pas un rempart naturel, mais une défense d'emprunt. Mais, dites-moi, qu'est-ce qu'un corps vigoureux ? n'est-ce pas celui qui jouit d'une santé parfaite, qui peut résister et à la faim, et à la réplétion, et à la chaleur, et au froid ? ou bien celui qui est exposé à toutes ces influences, et a besoin de cuisiniers, de tisserands ; de chasseurs, de médecins, pour se maintenir en santé ? Le riche, le vrai sage, c'est l'homme qui sait se passer de toutes ces choses. Voilà pourquoi notre saint a dit : « Élevez-les dans la discipline et la correction a du Seigneur ». Ne vous environnez donc point de remparts : la gloire, la richesse, les voilà... Que l'échalas vienne à tomber, ce qui ne manque pas, la plante reste nue et sans défense ; et ces précautions passées, loin de lui rendre aucun service, lui ont été, au contraire, nuisibles. Car ce sont précisément ces remparts qui, en l'empêchant de s'accoutumer à braver les assauts des vents, sont cause qu'elle succombe maintenant.

Ainsi donc la richesse nous est plus nuisible que profitable, en ce qu'elle nous empêche de nous exercer à braver les vicissitudes de la vie. Mettons donc nos enfants en état de résister à tout, de ne pas se laisser déconcerter par les accidents ; élevons-les dans la discipline et la correction du Seigneur : nous en serons amplement récompensés. Si l'on voit combler d'honneurs les hommes qui font la statue des rois ou peignent leur image : nous, qui parons en nous-mêmes l'image de Dieu, ne jouirons-nous pas de mille biens, si nous atteignons à la ressemblance ? Cette ressemblance, c'est la vertu, à laquelle nous parviendrons si nous enseignons à nos enfants à être hommes de bien, exempts de colère et de ressentiment ; comme Dieu lui-même, bienfaisants, charitables, indifférents aux biens du monde. Appliquons-nous de toutes nos forces à les façonner ainsi que nous-mêmes, à les régler sur le devoir songeons, en effet, avec quelle assurance nous pourrons alors comparaître au tribunal du Christ. Si celui qui a des enfants indociles est indigne de l'épiscopat, à bien plus forte raison l'est-il du céleste royaume. Eh quoi ! dira-t-on : si notre femme, si nos enfants sont insoumis, nous aurons à en rendre compte ? Oui, si nous n'avons pas fait scrupuleusement tout ce qui était en nous ; car il ne suffit pas pour notre salut que nous ayons été vertueux nous-mêmes. Si celui qui n'avait pas placé l'unique talent fut puni par cela même, il est clair qu'il ne suffit pas pour notre salut que nous ayons été vertueux de notre côté. Occupons-nous donc de nos femmes, veillons avec le plus grand soin sur nos enfants, sur nos serviteurs, sur nous-mêmes, et dans nos efforts pour régler notre conduite et la leur, prions Dieu afin qu'il nous vienne en aide. S'il nous voit occupés, empressés à cette œuvre, il nous secondera : s'il nous trouve indifférents, il ne nous tendra pas la main. Car Dieu ne nous porte pas secours quand nous dormons : il ne nous assiste que lorsque nous faisons effort nous-mêmes. On n'aide pas une personne qui se repose. Mais c'est au bon Dieu qu'appartient le pouvoir d'assurer le succès de notre œuvre, afin que nous soyons tous jugés dignes d'obtenir les biens promis, par la grâce et la bonté de Notre-Seigneur Jésus-Christ, avec qui gloire, puissance, honneur au Père et au Saint-Esprit, maintenant et toujours, et dans les siècles des siècles.

Ainsi soit-il.

COLOSSIENS IV. 12-13
HOMÉLIE XII

ÉPAPHRAS, QUI EST DE VOTRE VILLE, VOUS SALUE. C'EST UN SERVITEUR DE JÉSUS-CHRIST QUI COMBAT SANS CESSE POUR VOUS, DANS SES PRIÈRES, AFIN QUE VOUS DEMEURIEZ FERMES ET PARFAITS, ET QUE VOUS ACCOMPLISSIEZ PLEINEMENT CE QUE DIEU DEMANDE DE VOUS, CAR JE PUIS BIEN LUI RENDRE CE TÉMOIGNAGE QU'IL A UN GRAND ZÈLE POUR VOUS, ET POUR CEUX DE LAODICÉE ET D'HIÉRAPOLIS. (IV. 12, 13 JUSQU'À LA FIN.)

Analyse.

1. Tendresse de Paul pour ses frères.
2. Paul se glorifie de ses liens. — Ses liens nous servent de leçon.
3. Bienheureux ceux qui pleurent !

4. Les larmes doivent être l'accompagnement des prières et des admonestations.

5. Le sacrement de mariage est le plus important de tous. — Jésus-Christ et l'Église y sont représentés. — Les courtisans et les baladins ne doivent point être admis à la célébration d'un mariage.

6. C'est Jésus-Christ accompagné des anges qu'il faut inviter à la célébration des noces.

7. Il faut donner à une jeune fille un mari probe et honorable plutôt que riche.

1. Au début même de cette épître, il recommande Épaphras, au nom de la charité. Car il a dit en commençant : « Épaphras, de qui nous avons appris aussi votre charité toute spirituelle ». (Colos. I, 8.) Il fait ressortir aussi la charité d'Épaphras, et lui concilie la bienveillance des auditeurs, quand il le leur montre priant pour eux. Il le recommande, en rapportant tout d'abord ce qu'il demande à Dieu ; car le respect qu'on a pour le maître est utile aux disciples. Il le recommande par ces mots : « C'est un d'entre vous ». Leur cité doit être fière de produire de tels enfants. « Il prie sans cesse pour vous avec sollicitude ». Il ne se borne pas à prier, « il prie avec sollicitude », l'inquiétude et la crainte dans le cœur. « Je lui rends ce témoignage qu'il est plein de zèle pour vous ». Et Paul est un témoin digne de foi. « Il est plein de zèle pour vous », c'est-à-dire, il a pour vous beaucoup de tendresse et une ardente charité. — « Et pour ceux de Laodicée et d'Hiérapolis » ; il le leur recommande aussi. Il est vraisemblable que les habitants de ces deux villes avaient déjà entendu parler du zèle qu'Épaphras avait pour eux ; mais

cette lettre le leur apprenait encore. « Ayez soin »,
dit Paul, « que cette lettre soit lue aussi dans l'Église
de Laodicée. Afin que vous demeuriez fermes et
parfaits » (Colon. IV, 16), dit-il. Ces mots renferment
une sorte de réprimande, un avis et un reproche
sans amertume. Un homme peut être parfait, sans
demeurer ferme dans la perfection ; il peut, par
exemple, être parfaitement instruit, mais vacillant
dans ses croyances. On peut aussi, tout à la fois,
manquer de perfection et de fermeté, si, par
exemple, on n'a qu'une science incomplète et une
croyance mal assise. Voilà pourquoi Épaphras demande à Dieu pour les Colossiens la perfection et la
fermeté. Voyez comme il leur rappelle indirecte-
ment ce qu'il a dit des anges et de la vie chrétienne !
« Afin que vous accomplissiez pleinement tout ce
que Dieu demande de vous ». C'est qu'il ne suffit
pas de faire la volonté de Dieu. Quand une âme est
bien convaincue de la nécessité d'obéir à Dieu, toute
autre volonté que celle de Dieu perd sur elle son
empire ; autrement l'âme n'est pas pleinement
convaincue. « Je lui rends ce témoignage qu'il est
plein de zèle pour vous ». Il a du zèle, il en est plein.
Il insiste sur le zèle d'Épaphras et sur l'ardeur de ce
zèle. C'est ainsi que dans sa seconde épître aux Corinthiens, il dit : « J'ai pour vous un amour de jalousie, et d'une jalousie de Dieu ». (II Cor. XI, 2.)

« Luc, le médecin, notre très-cher frère, vous
salue (14) ». C'est saint Luc, l'évangéliste. Ce n'est
pas pour le rabaisser, qu'il le met ici le dernier ; c'est
pour exalter Épaphras. Il y avait probablement
d'autres personnes qui s'appelaient Luc. « Et Dé-
mas ». Après avoir dit : Luc, le médecin, il ajoute,

« mon très-cher frère ». C'est un bien beau titre que celui de très-cher frère de saint Paul. « Saluez nos frères de Laodicée, et Nymphas, et l'église qui est dans sa maison ». — Voyez comme il les encadre dans un même souvenir, non seulement en les saluant tous ensemble, mais en envoyant cette épître qui doit leur être lue. Puis il accorde à Nymphas un souvenir spécial et flatteur, et il a ses raisons pour cela, il veut inspirer à ses auditeurs le désir de l'imiter. C'est un grand honneur qu'il lui fait de ne pas le confondre avec les autres. Pour voir que c'était quelqu'un de considérable que ce Nymphas, jetez les yeux sur sa maison, sur cette maison qui est une église. « Et lorsque cette lettre aura été lue parmi vous, ayez soin qu'elle soit lue aussi dans l'Église de Laodicée (16) ». Je crois que la lettre de saint Paul aux Colossiens contient des détails qui devaient intéresser les Laodicéens. Et ces derniers n'en retiraient que plus de fruits. Les avis donnés par saint Paul à leurs frères de Colosse leur faisaient faire un retour sur eux-mêmes. « Et qu'on vous lise aussi la lettre des Laodicéens ». Quelques interprètes voient dans cette autre lettre, non pas une épître de saint Paul aux Laodicéens, mais une épître des Laodicéens à saint Paul, puisque l'apôtre ne dit pas : Ma lettre aux Laodicéens, mais, la lettre des Laodicéens. « Dites à Archippe : Prenez garde au ministère que vous avez reçu du Seigneur, afin que vous en remplissiez tous les devoirs (17) ». Pourquoi ne s'adresse-t-il pas directement à Archippe ? Peut-être n'était-ce pas nécessaire, et suffisait-il de ce simple avis, pour ranimer son zèle. « Voici la salutation que j'ajoute ici, moi Paul, de ma propre main ». C'est là une preuve de tendresse sincère et du plaisir que devait causer aux Colossiens cette salutation écrite de la main de Paul. « Souvenez-vous de mes liens ». Ô liens consolateurs qui suffisent pour les exhorter en tout et pour les rendre plus forts ! Que dis-je ? En les rendant plus forts, ces liens les attachaient davantage à l'apôtre. « La grâce soit avec vous ! Ainsi soit-il ».

2. C'est un grand éloge, c'est l'éloge le plus magnifique de dire, en parlant d'Épaphras « C'est un des vôtres ; c'est un serviteur du Christ ». Saint Paul le représente comme un ministre de Dieu qui combat pour eux ; c'est ainsi qu'il se représente lui-même comme un ministre de l'Église, comme dans ce passage où il dit : « Je lui ai prêté mon ministère, moi Paul ». (Colos. 1, 25.) Il appelle Épaphras au partage de cet honneur. C'est son compagnon dans le service de Dieu, a-t-il dit plus haut. C'est un serviteur du Christ, nous dit-il encore dans ce passage. « C'est un des vôtres ». Il semble s'adresser à la cité qui est sa mère ; il semble dire à cette cité : C'est là fruit de tes entrailles. Mais un panégyrique aussi explicite aurait déchaîné l'envie. Voilà pourquoi, afin de le recommander aux Colossiens, il s'appuie sur ce qui les intéresse personnellement. C'est le moyen de conjurer l'envie. « Il ne cesse, d'avoir pour vous », leur dit-il, « une tendre sollicitude ». Et cela, non pas seulement quand il se trouve avec nous ou avec vous ; car il n'y a pas chez lui d'ostentation. Il caractérise d'un mot le zèle et l'ardeur d'Épaphras. « C'est une tendre sollicitude ». Puis, pour que son langage ne soit pas suspect de flatterie, il ajoute : « Il a un grand zèle pour vous et pour ceux de Laodicée

et d'Hiérapolis ». — « Afin que vous demeuriez fermes et parfaits ». Ce n'est pas là de la flatterie ; c'est le signalement d'un maître respectable. Il faut que vous demeuriez fermes et parfaits, dit-il. En leur accordant l'une de ces deux qualités, il leur refuse l'autre. Il ne dit pas : Afin que vous soyez préservés de toute chute ; mais : « Afin que vous restiez fermes ».

Ces salutations font le bonheur de ces hommes qui, salués par leurs amis, se voient rappelés en même temps au souvenir de la cité. « Dites à Archippe de considérer le ministère qu'il a reçu de Dieu ». Il les met par là sous la dépendance absolue d'Archippe. Ils n'ont plus le droit de le critiquer, lorsqu'il les reprend, puisqu'ils lui donnent eux-mêmes plein pouvoir. Il est leur maître, et il n'est pas rationnel que les disciples se permettent de critiquer le maître. C'est donc pour leur fermer la bouche par la suite qu'il leur écrit. « Dites à Archippe : Prenez garde à votre ministère ». C'est le ton de la menace. Il dit de même : « Gardez-vous des chiens ». (Philip. 111, 2.) « Prenez garde qu'on ne vous égare, prenez garde que cette liberté dont vous jouissez ne soit une occasion de chute pour les faibles ». (Colos. II, 8 ; I Cor. VIII, 9.) Voilà comme il parle toujours, quand il veut inspirer une crainte salutaire. « Prenez garde », dit-il, « au ministère que vous avez reçu de Dieu afin que vous le remplissiez dignement ». Il ne le laisse pas maître de ses actions. Il disait de même dans son épître aux Corinthiens : « Si je prêche l'Évangile de bon cœur, j'en aurai la récompense ; mais si je ne le fais qu'à regret, je dispense ce qui m'a été confié ». (I Cor. IX, 47.) —

« Afin que vous accomplissiez pleinement, toujours avec zèle, tout ce que Dieu demande de vous ». Votre ministère, ce n'est pas de nous, c'est de Dieu même que vous le tenez. Et il les soumet au ministre de Dieu, en disant que c'est de Dieu même qu'il tient son ministère. « Souvenez-vous de mes liens. La grâce soit avec vous ! Ainsi soit-il ». Il les affranchit de toute crainte. Leur maître a beau être chargé de fers ; la grâce vient l'en délivrer. Et c'est encore un effet de la grâce que cet aveu de Paul qui proclame sa captivité. Écoutez cette parole de saint Luc : « Les apôtres sortaient du conseil, pleins de joie ; ils avaient été jugés dignes de souffrir cet outrage pour le nom de Jésus ». C'est qu'il est vraiment honorable d'être, pour le nom de Jésus, abreuvé d'outrages et chargé de fers. N'est-ce pas un bonheur de souffrir pour celui qu'on aime et surtout pour Jésus-Christ ?

Cela étant, ne supportons pas avec peine les afflictions pour le Christ, mais souvenons-nous des liens de Paul, et qu'ils nous servent de leçon. Prêchez-vous par exemple la charité au nom du Christ, rappelez-vous les liens de Paul, et déclarez que, vous et vos auditeurs, vous seriez des misérables de refuser du pain aux pauvres, quand Paul s'est laissé charger de liens pour l'amour du Christ. Vous êtes fier de vos bonnes œuvres : souvenez-vous des liens de Paul, et vous verrez combien il est injuste que Paul soit chargé de liens, quand vous nagez dans les délices. Vous soupirez après les plaisirs : songez à la prison de Paul : vous êtes son disciple, vous êtes son compagnon d'armes. Est-il rationnel que votre compagnon d'armes soit dans les fers, tandis que vous nageriez dans les plaisirs ? Vous êtes dans l'affliction, vous vous croyez abandonné : écoutez les paroles de Paul, et vous verrez que l'affliction n'est pas un signe d'abandon. Vous voulez avoir des robes de soie : souvenez-vous des liens de Paul, et vos robes de soie auront moins de prix à vos yeux que des haillons. Vous voulez que l'or brille sur vos vêtements souvenez-vous des liens de Paul, et cet or vous fera l'effet d'un brin de jonc desséché. Vous voulez orner votre chevelure et paraître belle pensez au dénuement de Paul dans sa prison, et vous serez éblouie par l'éclat des vertus des apôtres, et tous ces ornements mondains vous sembleront hideux, et vous gémirez profondément, et vous envierez à Paul ses liens. Vous prend-il fantaisie de mettre du fard, et de recourir à de semblables moyens pour peindre votre visage ? pensez aux larmes de Paul ; il a passé trois ans à pleurer, nuit et jour, dans sa prison. Que de pareilles larmes vous servent d'ornement ; elles donneront à votre visage un pur éclat. Je ne vous dis pas de pleurer sur les autres, je voudrais qu'il en fût ainsi, mais cette charité est au-dessus de vous. Tout ce que je vous demande, c'est de pleurer sur vos péchés. Vous avez donné l'ordre que votre enfant fût enfermé et vous êtes irritée : souvenez-vous de la prison de Paul, et votre colère s'arrêtera. Souvenez-vous que vous êtes du nombre des victimes, et non des bourreaux ; du nombre de ceux dont le cœur est brisé, et non pas de ceux qui brisent le cœur des autres. Votre joie se répand au-dehors, et vous poussez de grands éclats de rire : souvenez-vous des larmes de Paul, et vous gémirez ; ces larmes-là vous rendront bien plus belle... Vous avez vu ces hommes qui se livrent au plaisir et qui dansent : souvenez-vous des larmes de Paul. Est-il une source d'où l'eau jaillisse avec autant d'abondance que les larmes de ses yeux ? Il dit, ailleurs : « Souvenez-vous de mes larmes » (Act. XX, 31), comme il dit ici : « Souvenez-vous de mes liens ». Et il avait raison de parler ainsi à ces prêtres qu'il faisait venir d'Éphèse à Milet ; car il parlait à des maîtres qu'il voulait rassembler autour de lui. Ici, au contraire, tout ce qu'il demande à ses auditeurs, c'est de savoir traverser les épreuves.

3. Quelle source féconde pourrait être comparée aux larmes de Paul ? Serait-ce celle qui venait du paradis et qui arrosait toute la terre ? Mais ses larmes, à la différence de cette source, n'arrosaient pas la terre, elles arrosaient les âmes. Qu'on nous montre Paul pleurant et gémissant, ce spectacle sera bien préférable au spectacle de tous ces chants de théâtre, malgré leur élégance et leurs couronnes de fleurs. Je ne parle point ici de vous ; mais que l'on prenne sur la scène ou au théâtre un de ces débauchés qui ne ressentent d'ardeur que pour la beauté physique, qu'on lui montre une vierge à la fleur de l'âge, plus belle et plus jolie que toutes ses compagnes, avec ses yeux doux et veloutés, avec des yeux souriants où la pudeur se mêle à la grâce, une vierge aux paupières soyeuses et frangées de cils d'ébène, une vierge au front pur et aux regards parlants, aux joues vermeilles comme le carmin et lisses comme le marbre ; puisque l'on me montre, à moi, Paul versant des larmes, je laisserai l'habitué du théâtre regarder la vierge, et je m'empresserai d'aller contempler Paul. Car c'est des yeux de Paul

que jaillissent les rayons de la beauté immatérielle. La beauté matérielle transporte, brûle et enflamme le cœur de la jeunesse ; la beauté spirituelle apaise les sens. Quand on voit ces yeux qui pleurent, les yeux de l'âme deviennent plus beaux, on met un frein à sa sensualité, on se sent rempli de sagesse et de commisération, un cœur de bronze est capable de s'amollir.

Ces larmes de Paul arrosent le sol de l'Église et engendrent des âmes. Ces larmes peuvent éteindre le feu qui dévore le corps et les sens ces larmes éteignent les traits enflammés de l'esprit malin. Songeons donc à ces larmes et nous nous rirons de tous les biens de la vie présente. C'étaient ces larmes que le Christ appelait des larmes bienheureuses, quand il disait : « Bienheureux ceux qui pleurent, parce qu'un jour ils seront dans la joie ». (Matth. V, 5.) Voilà les larmes que versaient Isaïe et Jérémie. Isaïe disait : « Laissez-moi partir ; laissez-moi répandre des larmes amères ». (Is. XXII, 4.) Jérémie disait : « Qui changera mes yeux en deux sources de larmes » (Jér. IX, 1), comme si la source naturelle de ces larmes ne lui suffisait pas. Rien de plus doux que de pareilles larmes ; elles sont plus douces que le rire de la gaité. Ils savent bien, ceux qui pleurent, quelle consolation on éprouve à pleurer. Ne demandons pas à Dieu d'éloigner de nous les larmes ; demandons-lui plutôt de pouvoir pleurer. Souvenons-nous de ces larmes et de ces liens pour avoir le cœur content, en pensant aux pécheurs. Les larmes de Paul coulaient donc sur ses liens ; mais la mort de ses bourreaux l'empêchait de goûter le charme de ces mêmes liens. Il pleurait sur ces bourreaux, en vrai disciple de Celui qui pleurait sur le sort des prêtres juifs, non pas parce qu'ils devaient le faire mettre en croix, mais parce qu'ils devaient périr. Non content d'agir ainsi, le maître exhorte ses disciples à l'imiter, en disant : « Ne pleurez pas sur moi, filles de Jérusalem ». (Luc, XXIII, 28.)

Oui, les yeux de Paul ont contemplé le paradis, ils ont contemplé le troisième ciel ; mais, selon moi, ils sont moins heureux encore d'avoir eu ce privilège que d'avoir versé les larmes, à travers lesquelles ils ont vu le Christ. Voilà ce qui a fait leur véritable bonheur ; car Paul lui-même se vante d'avoir joui de ce spectacle, en ces termes : « N'ai-je pas vu Jésus-Christ Notre-Seigneur ? » (I Cor. IX, 1.) Mais c'est un plus grand bonheur encore de pleurer, comme Paul pleurait. Beaucoup ont été admis à voir le Christ, et ceux qui n'y ont pas été admis sont aussi proclamés heureux par le Christ, qui s'écrie : « Bienheureux ceux qui n'ont pas vu et qui ont cru ! » (Jean, XX, 29.) Mais peu de gens ont obtenu ce privilège. Si, en effet, pour travailler au salut de ses frères, mieux vaut rester sur cette terre que de trouver dans la mort un moyen de se réunir au Christ, il est encore plus nécessaire de gémir pour sauver ses frères que de voir le Christ. S'il est plus désirable d'être dans la géhenne pour ses frères que d'être avec le Christ, il est plus désirable aussi d'être séparé du Christ pour l'amour de ses frères que d'être avec lui. C'est ce que disait saint Paul « Pour mes frères, je voudrais être anathème et séparé du Christ ». (Rom. IX, 3.) À plus forte raison doit-on désirer d'être condamné aux larmes pour ses frères. Je n'ai pas cessé, dit l'apôtre, d'avertir chacun de vous, en pleurant. (Act. XX, 31.) Pourquoi ? Ce n'était point par crainte des périls. Mais, semblable à un ami qui, assis au chevet d'un malade, ignore comment tout cela finira, et qui pleure, parce qu'il tremble pour les jours de son ami, saint Paul pleurait sur les âmes faibles que ses avis ne pouvaient ramener. C'est ce que faisait le Christ, qui voulait voir si ses larmes seraient respectées. Rencontrait-il un pécheur, il l'avertissait. Le pécheur s'éloignait, en lui crachant au visage ; alors le Christ pleurait, pour le ramener à lui.

4. Souvenons-nous de ces larmes. C'est ainsi que nous devons élever nos fils et nos filles. Pleurons sur eux, quand nous les voyons en proie à la maladie du péché. Ô femmes, qui voulez être aimées, souvenez-vous des larmes de Paul, et gémissez ; ô femmes si heureuses aux yeux du monde, vous qui goûtez les douceurs de l'hymen et qui vivez au sein des plaisirs, souvenez-vous de ces larmes ; vous tous qui êtes dans le deuil, échangez vos larmes contre celles de l'apôtre. Ce n'était pas sur les morts qu'il pleurait ; c'était sur les vivants qui couraient à leur perte. Dois-je citer d'autres exemples ? Il pleurait aussi, Timothée, le disciple de l'apôtre, et voilà pourquoi saint Paul lui écrit : « Je me souviens de tes larmes, quand je veux goûter une joie sans mélange ». (II Tim. I, 25.) Bien souvent aussi, c'est la joie qui fait couler les larmes. Alors c'est un plaisir, c'est un grand plaisir de pleurer. De pareilles larmes ne sont ni brûlantes ni amères ; elles ne prennent point leur source dans une douleur mondaine ; de pareilles larmes sont autrement précieuses que les larmes arrachées par les plaisirs terrestres. Écoutez

cette parole du Prophète : « Le Seigneur a entendu mes pleurs ». (Ps. VI, 9.) Les larmes sont-elles jamais inutiles ? N'ont-elles pas leur utilité dans les prières, dans les avis ? Nous les blâmons, nous autres, parce que nous ne savons pas nous en servir. Consolons-nous un frère d'une faute qu'il a commise ? pleurons et gémissons. Perdons-nous notre temps à conseiller un sourd qui court à sa perte ? pleurons encore. Ces larmes-là sont celles de la sagesse.

Mais que la pauvreté, la maladie et la mort ne fassent pas couler nos larmes ; car elles ne les méritent pas. Nous blâmons le rire hors de saison ; nous blâmons les larmes répandues mal à propos. La vertu ne se montre dans tout son lustre que lorsqu'elle est bien employée. Le vin a été donné à l'homme pour l'égayer et non pour l'enivrer ; le pain a été donné à l'homme pour le nourrir ; l'union des sexes a été donnée à l'homme pour propager son espèce. L'abus de tous ces dons est blâmable ; l'abus des larmes est blâmable. Posons, en principe, que les larmes ne doivent être employées que dans les prières et dans les admonestations ; dans ces deux cas, il faut appeler les larmes. Rien ne lave mieux les souillures du péché. De plus, elles rehaussent la beauté, en inspirant la compassion ; elles donnent à la physionomie une teinte grave et honnête. Rien de plus sympathique que des yeux en pleurs. L'œil est le plus noble et le plus beau des organes ; c'est l'organe de l'âme. À travers ces yeux en larmes, c'est l'âme que nous voyons pleurer et c'est ce qui cause notre émotion. J'ai un but, en vous tenant ce langage, c'est de vous éloigner de ces noces, de ces danses, de ces chœurs où règne une licence qui est l'œuvre du démon. Voyez, en effet, ce que l'esprit du mal a imaginé. La nature elle-même écarte les femmes du théâtre et de ses peintures déshonnêtes ; voilà pourquoi le démon a introduit dans le gynécée des hommes efféminés et des courtisanes. Cet abus a été amené par je ne sais quelle loi nuptiale ; mais pourquoi parler de loi nuptiale ? Il a été amené par notre mollesse. Ô homme ! pourquoi agir ainsi ? Vous ne savez ce que vous faites. Vous vous mariez parce que vous voulez mener une vie honorable et avoir des enfants. Pourquoi donc ces courtisanes ? Pour égayer les noces, dites-vous. Mais n'est-ce pas une folie ? N'est-ce pas une insulte que vous faites à votre épouse et aux femmes que vous invitez ? Et si elles trouvent du plaisir à cela, c'est un plaisir honteux. Mais, si la vue de ces courtisanes éhontées et sans pudeur est un spectacle si magnifique, pourquoi n'en faites-vous pas jouir votre épouse, pourquoi l'en éloigner ?

Ah ! quelle infamie d'introduire chez vous des danseurs efféminés et toutes les pompes de Satan ! « Souvenez-vous des liens de Paul ». Le mariage aussi est un lien, un lien d'institution divine, tandis que la courtisane est le type de la dissolution. Il est d'autres moyens d'égayer les noces. On fait bonne chère, on fait toilette ; je ne le défends pas, pour ne point avoir l'air d'un sauvage. Pourtant Rébecca, ce jour-là, parut avec ses vêtements de travail. Mais enfin je vous permets ces extra. Mettez vos habits de fête ; livrez-vous à la joie en bonne compagnie. Mais à quoi bon de monstrueux plaisirs ? Quels propos entendez-vous sortir de la bouche de ces bouffons ? Vous rougiriez de les répéter. Quoi ! vous en rougissez et vous les provoquez ? Si vous admirez ces baladins, pourquoi ne faites-vous pas comme eux ? S'ils vous font rougir, pourquoi les forcer à parler comme ils parlent ? Il faut observer en tout les lois de la tempérance, de la modestie, de la dignité et de la décence, et, dans vos têtes, que voit-on ? Des baladins qui sautent comme des chameaux et des mulets. La jeune mariée ne doit connaître que le lit nuptial. Mais elle est pauvre, dites-vous. Eh bien, c'est pour elle une raison d'être modeste et honnête. La vertu doit lui tenir lieu de richesse. Mais elle ne peut apporter de dot. Pourquoi donc voulez-vous la pervertir et la rendre tout à la fois pauvre et méprisable ? Qu'elle ait auprès d'elle d'autres jeunes filles, ses compagnes ; qu'elle ait auprès d'elle de jeunes mariées dont elle va grossir le nombre, à la bonne heure ! et voilà qui est convenable. Il y a là, en effet, deux troupes ; la troupe des jeunes filles, la troupe des jeunes mariées. La première remet la fiancée entre les mains de la seconde. La fiancée est là, entre ces deux troupes : elle n'est plus jeune fille, elle n'est pas encore femme. Elle est en train de passer d'une classe dans une autre.

Mais pourquoi ces courtisanes ? Elles devraient, quand il y a un mariage, se cacher sous terre ; car leur métier est l'abus dégradant de l'union des sexes, et malgré cela, nous les admettons à nos noces ! Quoi que vous fassiez, vous vous gardez bien de prononcer même une parole qui pourrait être en contradiction avec ce que vous faites. Quand vous semez, quand vous mettez la vendange sous le pressoir, vous êtes sourd à toute parole qui peut faire une allusion quelconque à l'ivraie et au vin tourné. Et dans un moment où il faut du sérieux et de la modestie, vous amenez chez vous la lie de la société ! Êtes-vous occupé à composer un parfum ; vous éloignez de vous toute odeur malsaine. Eh bien ! le mariage est un parfum ; pourquoi cette boue nauséabonde que vous laissez entrer chez vous lorsqu'il se prépare ? Eh quoi ! cette jeune mariée danse, sans rougir, pour cette autre jeune fille qui lui fait vis-à-vis. Elle devrait cependant être encore plus sérieuse et plus modeste qu'elle, puisqu'elle sort des bras de sa mère et non d'une école de danse. Je dis même qu'une jeune fille ne devrait jamais figurer à un bal de noce.

5. Dans le palais d'un roi, les personnages de distinction se tiennent à l'intérieur et entourent la personne du souverain ; les autres se tiennent en dehors. Restez donc chez vous auprès de votre femme. Et vous, jeune femme, restez aussi maintenant chez vous, ne faites point parade de votre virginité. Il y a près de vous deux troupes ; l'une qui montre dans quel état elle vous remet entre les mains de l'autre, l'autre chargée de veiller sur vous. Pourquoi cette tache que vous imprimez à votre virginité ? Si votre extérieur est si peu décent, votre époux vous jugera sur votre extérieur. Car c'est toujours une honte d'avoir de mauvaises manières, fût-on la fille d'un roi. Qui vous empêche d'être digne ? Est-ce votre pauvreté ? Est-ce votre humble condition ? Mais une jeune fille, quand même elle serait esclave, doit avoir de la réserve. « Car, en Jésus-Christ, il n'y a ni esclave, ni homme libre ». (Gal. III, 28.) Est-ce que le mariage serait un théâtre ? Non, c'est un mystère qui représente une grande chose. Si vous ne res-

pectez pas le mariage, respectez au moins ce qu'il représente. « Ce sacrement est grand en Jésus-Christ et en l'Église », dit l'apôtre. (Éphés. V, 32.) C'est Jésus-Christ et l'Église qu'il représente, et vous amenez des courtisanes à la célébration de ce mystère !

Mais, dites-vous, si les jeunes filles, si les jeunes mariées ne dansent pas, qui donc dansera ? Personne. La danse n'est pas chose si nécessaire. Chez les gentils, la danse entrait dans la célébration des mystères ; mais nos mystères à nous demandent le silence, la décence et le sérieux, la réserve et la modestie. Un grand mystère est en train de s'accomplir ; hors d'ici les courtisanes ! Hors d'ici les profanes ! Mais quel est ce mystère ? Ce sont deux créatures humaines qui s'unissent pour n'en former qu'une seule. Pourquoi, à l'arrivée des deux époux, n'y a-t-il ni danses, ni bruit de cymbales ? Pourquoi ce silence profond ? Et quand ils s'approchent l'un de l'autre, en représentant non pas une froide image terrestre, mais l'image même de Dieu, pourquoi ce désordre qui jette le trouble dans l'assemblée et qui souille les âmes ? Voilà deux êtres qui viennent s'unir, pour ne faire qu'un seul être ! C'est un mystère de charité qui commence ! Tant qu'ils ne seront pas unis, tant qu'ils continueront à former deux êtres séparés, ils ne pourront donner la vie à une foule d'autres êtres ; leur union seule produira cet effet. Nous voyons, par là, combien l'union est puissante. Dès l'origine du monde, le grand Ouvrier a fait deux créatures de la seule créature humaine qui existât. Et, pour montrer que cette séparation ne les empêche pas de ne faire qu'un, il n'a pas voulu que chacun des deux, en particulier et à lui seul, pût travailler à l'œuvre de la génération. Car l'un de ces deux êtres, quand il n'est pas joint à l'autre, n'est pas entier ; il ne forme que la moitié d'un tout. Et voilà pourquoi il est inhabile à procréer. Avez vous fait attention au mystère du mariage ? Dieu s'est servi d'une créature humaine, pour en faire une autre, puis il a réuni ces deux créatures et n'en a fait qu'une. Voilà pourquoi on peut dire que c'est un seul être qui en produit un autre. Car le mari et la femme ne sont pas deux êtres distincts ; ils ne sont qu'une chair, et à l'appui de cette vérité, on peut citer bien des preuves. On peut citer Jacob, on peut citer Marie, la mère du Christ ; on peut citer cette parole : « Dieu les a faits mâle et femelle ». (Gen. I, 27.)

Si l'un est la tête et l'autre le corps, comment formeraient-ils deux êtres séparés ? La femme, c'est l'écolière ; le mari, c'est le maître. Le mari, c'est le chef ; la femme, c'est l'être qui obéit. La manière dont elle a été créée vous fera voir qu'elle ne fait qu'un avec son époux ; elle a été tirée d'une côte de l'homme, et tous deux sont, pour ainsi dire, les deux moitiés d'un tout. Voilà pourquoi l'homme la regarde comme son aide. Voilà pourquoi la femme quitte père et mère pour s'attacher de préférence à l'homme auquel elle va s'unir, avec lequel elle va vivre. Et un père lui-même se plaît à établir son fils et sa fille, à serrer les nœuds de ce mariage qui va rendre à un être une partie de lui-même. Que de dépenses ! Quelle perte d'argent pour ce père, avant d'en venir là ! Mais qu'est-ce que cela fait ? Ce père serait inconsolable, s'il n'établissait pas ses enfants.

Chacun d'eux, en effet, quand il reste isolé, est comme une chair séparée de sa chair ; c'est un être incomplet qui ne peut procréer ; c'est un être incomplet qui n'a pas encore organisé sa vie. De là ce mot du Prophète : « C'est le reste de ton âme ». (Malach. II, 15.) Mais comment ne font-ils qu'une chair ? C'est comme si vous détachiez d'un lingot d'or ses parcelles, les plus pures pour les mêler à un autre lingot. De même ici, c'est la partie la plus onctueuse du sang de l'homme que le plaisir verse dans le sein de la femme où elle se trouve développée, en se mêlant aux germes que la femme fournit. Et l'enfant joue, entre le mari et la femme, le rôle de trait d'union. Voilà donc trois êtres qui ne font qu'une chair, et dont l'un sert de lien entre les deux autres. C'est comme si deux cités, divisées par un fleuve, étaient réunies en une seule par un pont. Dans la circonstance qui nous occupe, l'union est la même, que dis-je ? elle est plus intime. Car le trait d'union est de la même nature que les deux objets unis. Les deux êtres ne font donc qu'un seul être, comme le tronc accompagné des membres ne fait qu'un même corps avec la tête. C'est le cou seul qui les sépare ; encore les unit-il autant qu'il les divise, en se trouvant au milieu d'eux. C'est comme si un chœur, après s'être séparé en deux moitiés, se recomposait avec ses membres pris à droite et à gauche. Aussi ce mot : Ils ne feront qu'une chair, est-il exact. C'est leur enfant qui produit cette union intime. Mais que dis-je ? Quand même ils n'auraient pas d'enfant, ils ne formeraient pas encore deux êtres distincts. Et le motif en est clair. C'est la cohabitation qui confond ces deux individualités en une seule ; c'est le parfum qu'on jette dans l'huile et qui s'y incorpore, de manière à ne faire qu'un avec elle.

6. Bien des gens, je le sais, sont choqués de mes paroles. Mais ce qui m'a fait aborder ce sujet, ce sont les abus introduits par la débauche et par l'impudeur. Oui, la manière dont se font les noces, ces habitudes dépravées et corrompues dégradent le mariage. « Car les noces en elles-mêmes sont honorables, et le lit nuptial est immaculé ». (Hébr. XIII, 4.) Pourquoi donc avoir honte de ce qui est honorable ? Pourquoi rougir de ce qui est immaculé ? C'est aux hérétiques de rougir ; c'est à ceux qui amènent des courtisanes. Je veux purifier le mariage pour lui rendre sa noblesse, pour fermer la bouche à l'hérésie. On a déshonoré une institution qui est un présent divin, qui est la source du genre humain ; on y a jeté du limon et de la boue. Purifions cette source, en appelant la raison à notre aide. Un peu de courage ! Quand on ne craint pas la boue, on ne doit pas en craindre l'odeur. Je veux vous montrer que ce n'est pas le mariage, mais l'abus que vous y introduisez qui doit vous faire rougir. Vous n'avez qu'une mauvaise honte et vous condamnez Dieu qui a institué le mariage. Je vais vous dire ce que c'est que ce sacrement de l'Église. C'est le Christ qui vient trouver l'Église, l'Église née de lui et à laquelle il s'est uni par des liens spirituels. « Car je vous ai fiancés », dit l'apôtre, « à cet unique époux qui est le Christ, pour vous présenter à lui comme une vierge toute pure ». (II Cor. XI, 2.) Voyez comme il déclare que nous appartenons au Christ, que nous sommes les membres de ses membres, et la chair de sa chair.

Livrons-nous à ces réflexions et respectons ce

mystère sublime. Eh quoi ! le mariage vous représente Jésus-Christ, et vous vous enivrez ! Dites-moi, si vous aviez devant vous l'image du souverain, ne la respecteriez-vous pas ? Ah ! sans doute, vous la respecteriez. On semble n'attacher aucune importance à la manière dont on se comporte quand on assiste à un mariage, et pourtant cette indifférence à des suites désastreuses. Ce ne sont qu'habitudes impies. « Point de paroles déshonnêtes », dit saint Paul, « point de paroles insensées ou bouffonnes ». (Éphés. V, 4.) Et pourtant, quand on assiste à une noce, on n'entend que propos déshonnêtes, insensés ou bouffons. Cette habitude est devenue un art qui fait honneur à celui qui l'exerce : oui, le vice est devenu un art. Et cet art, nous ne le pratiquons pas à la légère ; nous déployons, en l'exerçant, notre application et notre science. Et d'ailleurs, c'est le démon en personne qui commande et qui dirige ces troupes de bouffons. Car la débauche loge à la même enseigne que l'ivresse : là où circulent les propos obscènes, le démon prend toutes ses aises. À ces repas de noces, avez-vous bien le cœur, je vous le demande, d'invoquer le démon, en célébrant les mystères du Christ ? Vous me trouvez peut-être fâcheux et importun, car c'est encore l'effet de votre perversité extrême de tourner en ridicule l'austérité de vos censeurs. Eh ! n'entendez-vous pas saint Paul qui vous dit : « Quoi que vous fassiez, que vous mangiez ou que vous buviez, agissez toujours pour la gloire de Dieu ? » Vous, au contraire, vous vous occupez à dire de mauvais propos et des infamies. N'entendez-vous pas cette parole du Prophète : « Servez le Seigneur avec une crainte respectueuse et avec une allégresse mêlée de terreur ? ». (Ps. II, 11.)

Vous, au contraire, vous vous plongez dans la mollesse. Ne pouvez-vous donc pas vous livrer à des plaisirs sans danger ? Voulez-vous entendre de mélodieux accords ? Certes vous n'en auriez pas besoin ; mais je me plie à votre faiblesse, si vous voulez ; au lieu des concerts de Satan, écoutez les concerts des anges. Voulez-vous voir des danses ? Contemplez celles des anges. Et comment faire pour les voir ? me direz-vous. Pour cela vous n'avez qu'à chasser tous ces musiciens, tous ces danseurs profanes. Alors le Christ viendra à vos noces ; or le Christ est toujours accompagné du chœur des anges. Il opérera, si vous voulez, des miracles, comme autrefois ; il changera encore l'eau en vin et fera d'autres prodiges. Cette joie dissolue, ces désirs qui bientôt vous laissent froids, se changeront bientôt en joie spirituelle. Voilà ce qui s'appelle changer l'eau en vin. Là où sont vos joueurs de flûte le Christ ne paraît pas ; mais entre-t-il dans la salle, il les chasse et opère des miracles. Quoi de plus choquant que ces pompes de Satan, où il n'y a que confusion, où, s'il n'y a pas confusion, il n'y a que honte et amertume ?

7. Rien de plus doux que la vertu ; rien de plus suave que la tempérance ; rien de plus désirable que l'honneur. Que les noces soient telles que je le demande, et l'on verra quel plaisir on y trouve. Faites bien attention aux conditions que je pose : pour une jeune fille, il faut, avant tout, chercher un mari qui puisse être à la fois son époux, son protecteur et son tuteur. Il y a là un corps sur lequel il faut mettre une

tête. Ce n'est pas une esclave que vous donnez à un maître ; c'est votre fille à laquelle vous allez donner un époux. Ne cherchez ni la richesse, ni la splendeur de la naissance, ni l'éclat du berceau ; tout cela est superflu ; mais demandez chez l'époux de votre fille, la piété, la douceur, la véritable sagesse, la crainte de Dieu, si vous voulez que votre fille soit heureuse. En courant après la richesse, loin de faire le bonheur de votre fille, vous ferez son malheur ; car, de libre qu'elle était vous la rendrez esclave. L'or n'est point aussi doux que la servitude est amère. Ne cherchez donc pas tous ces vains avantages ; donnez à votre fille un mari de sa condition. Si la chose est impossible, cherchez un mari plutôt pauvre que riche, si vous ne voulez pas pour votre fille un maître, mais un époux.

Quand vous l'aurez bien choisi, quand vous serez décidé à lui donner votre fille, priez le Christ d'honorer cette union de sa présence ; il ne s'y refusera pas ; car c'est lui qui doit être présent dans ce mystère. Et priez-le de vous donner, pour votre fille, l'époux que vous demandez. Ne restez pas au-dessous de l'esclave d'Abraham qui, parti pour un si long voyage, sut deviner à qui il devait avoir recours et vit son entreprise couronnée d'un plein succès. Si vous flottez dans l'incertitude, si vous n'êtes pas encore fixé, ayez recours à la prière et dites à Dieu : Que votre volonté et votre prévoyance me viennent en aide. Reposez-vous sur lui de toute cette affaire. De cette manière, vous l'honorerez et il vous récompensera. Il y a ici deux choses à faire : il faut confier à Dieu les intérêts de votre fille ; il faut lui chercher un mari selon Dieu, c'est-à-dire un

homme probe et honorable. Au moment de la célébration, n'allez pas de maison en maison emprunter
des miroirs et des objets de toilette. Le mariage n'est
pas une affaire d'ostentation ; vous ne menez pas
votre fille à la parade. Contentez-vous des ressources que vous trouvez chez vous, invitez vos
voisins, vos amis et vos parents ; invitez tous les
gens de bien, tous les gens honnêtes que vous
connaissez, et priez-les de se contenter de ce que
vous leur offrez. Point de danseurs de profession :
c'est une dépense superflue et peu honorable. Avant
tout, invitez le Christ à ces noces, vous savez quels
sont ses représentants ici-bas. Le bien que vous ferez, dit-il, au plus humble d'entre vous, c'est à moi
que vous le ferez. (Matth. XXV, 45.)

Ce n'est pas, gardez-vous de le croire, un ennui
et une corvée d'inviter les pauvres pour l'amour du
Christ ; mais c'est une corvée bien lourde d'inviter
des courtisanes. Inviter les pauvres est un moyen de
s'enrichir ; inviter les courtisanes est un moyen de
se ruiner et de se perdre. Donnez à la jeune mariée,
pour parure, non pas des robes enrichies d'or, mais
des vêtements ordinaires dont la pudeur et la bonté
rehaussent l'éclat. Au lieu de vêtements brodés d'or,
qu'elle revête la pudeur et la décence, sans rechercher les parures mondaines. Point de bruit, point de
désordre. Qu'on appelle le fiancé et qu'on remette
entre ses mains la jeune fille. Que la sobriété, que la
pure allégresse de l'âme règnent au festin. De telles
noces seront la source d'une foule d'avantages et ne
compromettront pas votre existence. Mais les noces,
pour ne pas dire les parades matrimoniales d'aujourd'hui, de combien de maux ne sont-elles pas la

source ? Le festin est terminé et, tout aussitôt, on s'inquiète, on a peur que quelque pièce d'argenterie prêtée ne se retrouve pas, et voilà la gaieté qui fait place à une insupportable inquiétude.

Mais cette inquiétude et ce chagrin, direz-vous, sont pour la personne chargée de l'ordonnance du repas. Ah ! la nouvelle mariée elle-même n'en est pas exempte. Que dis-je ? tous les désagréments qui surviennent ensuite, deviennent son partage. Cette ruine complète, quel sujet de tristesse ! Cette demeure livrée à l'abandon, quel sujet de chagrin ! d'un côté le Christ, de l'autre le démon ; d'un côté l'allégresse, de l'autre l'inquiétude ; d'un côté le plaisir, de l'autre la douleur ; d'un côté la dépense, de l'autre rien qui y ressemble ; d'un côté l'opprobre et la honte, de l'autre la modération ; d'un côté l'envie, de l'autre absence complète de jalousie ; d'un côté l'ivresse, de l'autre la sobriété, le salut, la sagesse. Réfléchissons à tous ces détails et arrêtons-nous dans cette mauvaise voie où nous sommes soyons agréables à Dieu et montrons-nous dignes d'obtenir les biens promis à ceux qui l'aiment, par la grâce et la bonté de Notre-Seigneur Jésus-Christ, auquel, conjointement avec le Père et le Saint-Esprit, gloire, honneur et puissance, maintenant et toujours, et dans tous les siècles des siècles !

Ainsi soit-il.

MATTHIEU V. 27-38
HOMÉLIE XVII A
CONTROLER

VOUS SAVEZ QU'IL A ÉTÉ DIT AUX ANCIENS :
VOUS NE COMMETTREZ POINT D'ADULTÈRE.
MAIS MOI JE VOUS DIS QUE QUICONQUE
REGARDERA UNE FEMME, AVEC UN MAUVAIS
DÉSIR POUR ELLE, A DÉJÀ COMMIS
L'ADULTÈRE DANS SON CŒUR. (CHAP. V, 27
JUSQU'AU VERSET 38)

Analyse

1. et 2. Des regards impudiques.

3. Contre le luxe des femmes et les femmes et les spectacles.

4. Pourquoi l'ancienne loi permettait l'acte de répudiation.

5. Sur les jurements.

6. Pourquoi la Loi nouvelle les défend ? — Les mêmes

1. Après que Jésus-Christ a pleinement éclairci ce premier commandement, et qu'il l'a porté jusqu'à sa plus haute perfection, il suit l'ordre marqué dans la loi, et il parle ensuite du second. Mais vous me direz peut-être que ce n'est pas ici le second commandement mais le troisième, puisque le premier n'est pas : « Vous ne tuerez point ; » mais celui-ci : « Écoutez Israël, le Seigneur votre Dieu est le seul Seigneur. » (Exod. XX, 43.) Il faut donc voir pourquoi il ne commence pas par celui-là. Il ne l'a pas fait parce qu'il aurait été obligé d'étendre ce commandement jusqu'à sa propre personne, et de se faire connaître aux hommes en leur révélant des choses dont le temps n'était pas encore venu. Il se contentait alors de former les mœurs, voulant persuader aux hommes, d'abord par la sainteté de sa vie et par ses miracles, qu'il était le Fils de Dieu.

Si donc avant d'avoir jamais rien enseigné ou rien fait, il fût venu d'abord dire aux hommes : Vous savez qu'il a été dit aux anciens : Je suis le Seigneur votre Dieu, et il n'y en a point d'autre que moi : mais moi je vous dis, que vous m'adoriez de même que mon Père ; il n'est pas douteux qu'ils l'eussent traité comme un extravagant et un insensé. Car si après leur avoir enseigné une doctrine si pure, et avoir fait tant de miracles, ils ne laissaient pas de dire qu'il était possédé du démon, lorsqu'il ne déclarait pas même ouvertement ce qu'il était ; à quoi ne se fussent-ils point portés, s'il leur eût parlé de la sorte, avant que de leur avoir donné des preuves de ce qu'il était ? Mais en réservant cette vérité pour un temps plus opportun, il disposait peu à peu les hommes à la recevoir. C'est pourquoi il la passe ici sous silence, en y préparant le monde par ses prodiges, et par la pureté de sa doctrine. Il l'a dite clairement dans la suite, mais il se contente ici de la découvrir peu à peu par une longue suite de merveilles, et par la manière dont il instruisait les hommes.

L'autorité même avec laquelle il établissait de nouvelles lois, et réformait les anciennes, était capable de faire juger à un esprit réfléchi que celui qui parlait de la sorte, n'était autre que Dieu. « Ils étaient surpris, » dit l'Évangile, « parce qu'il ne les enseignait pas comme les docteurs de la loi. » (Matth. VII, 29.) En effet commençant par les vices les plus naturels à l'homme, savoir la colère et l'impureté, les deux passions qui le tyrannisent le plus, et qui sont la source de toutes les autres, il les combat avec l'autorité d'un législateur, et il leur oppose la vertu la plus pure et la plus parfaite. Il ne dit pas qu'on punira seulement les adultères qui auront effectivement commis ce crime. Mais de même qu'il a condamné jusqu'à la pensée de l'homicide, de même ici il punit jusqu'à un regard impudique, afin de nous apprendre en quoi consiste cette surabondance de justice qu'il demande de nous et que n'avait pas la vertu des pharisiens.

« Celui, dit-il, qui aura regardé une femme avec un mauvais désir pour elle, a déjà commis l'adultère dans son cœur » c'est-à-dire celui qui se plaît à regarder des personnes agréables, qui recherche même avec curiosité et avec passion la vue d'un gracieux visage, et qui en repaît ses yeux et son cœur. Car Jésus-Christ n'est pas venu seulement pour empêcher qu'on ne déshonore son corps par des actions criminelles, mais encore pour établir la pureté de l'âme, en lui interdisant les mauvais désirs. Comme c'est dans le cœur que nous recevons la grâce du Saint-Esprit, c'est le cœur aussi qu'il purifie le premier.

Mais comment est-il possible, me direz-vous, d'être délivré de ces désirs ? Il nous sera facile, si nous le voulons, de les réprimer de telle façon, que s'ils commencent à s'élever, ils demeurent néanmoins sans aucun effet. D'ailleurs Jésus-Christ ne parle pas ici généralement de toute sorte de désirs ; mais de ceux qui s'excitent par les yeux et par les regards. Car celui qui se plaît à regarder de beaux visages, allume en lui-même une flamme impure, met son âme sous le joug de la passion, et ne tarde pas à commettre le crime même. C'est pour ce sujet que Jésus-Christ ne dit pas : Celui qui aura désiré de commettre un adultère, mais « celui qui aura regardé une femme avec un mauvais désir. » Il ne dit pas même ici ce mot, « sans sujet, » qu'il met expressément en parlant de colère, non, il condamne sans exception toute convoitise. Et cependant ces deux passions, la colère et la concupiscence, sont toutes les deux inhérentes à notre nature, et l'on peut se servir utilement de l'une et de l'autre, de la première, en l'employant à réprimer les méchants, et à corriger les gens déréglés ; et de l'autre en en usant seulement pour la génération des enfants, et pour conserver la succession des hommes.

2. D'où vient donc que Jésus-Christ ne met point ici d'exception ? Je vous réponds que si vous considérez bien ses paroles, vous y en trouverez une grande. Car il ne dit pas, Celui qui aura eu un mauvais désir, ce qui peut arriver aux solitaires dans les déserts les plus retirés, mais : « Celui qui aura regardé une femme avec un mauvais désir pour elle ; »comme s'il disait : Celui qui aura excité ce mauvais désir en lui-même et qui aura volontairement déchaîné sur son âme cette espèce de bête féroce. Car cela n'est plus l'effet de la nature, mais de votre négligence et de votre paresse. L'ancienne loi même nous faisait déjà la même défense : « Ne vous arrêtez point, » dit-elle, « à considérer une beauté étrangère. » (Prov. VI, 25.) Et afin que personne ne pût dire : mais si je la regarde sans qu'il en résulte aucun mal ? l'Écriture défend généralement tous ces regards, de peur qu'en s'assurant trop de soi-même, on ne tombe dans le péché.

Mais si je la regarde, dites-vous, et que j'aie même un mauvais désir, quel mal fais-je pourvu que je n'aille pas plus loin ? Cela seul vous range parmi les adultères. Jésus-Christ déclare qu'il vous met de ce nombre. Il est le législateur, il a fait la loi, il ne faut point disputer davantage. Vous pourrez peut-être voir une ou deux ou trois fois une femme sans en ressentir de mauvais effets. Mais si vous vous abandonnez souvent à ces regards, vous allumerez un feu dans votre cœur, dont vous serez enfin consumé. Car vous n'êtes pas d'une autre nature que les autres hommes.

Comme donc lorsque nous voyons un enfant prendre un couteau, quoiqu'il ne s'en soit pas blessé, nous ne laissons pas de le châtier et de lui défendre d'y toucher à l'avenir ; Dieu de même nous défend les mauvais regards avant même que nous péchions, afin que nous ne péchions pas. Car celui qui allume dans son cœur cette passion honteuse, lors même que les objets sont absents, se trouve environné de fantômes et d'images détestables, qui le font enfin tomber dans le crime. C'est pour cette raison que Jésus-Christ condamne même cette sorte d'adultère, qui ne se passe que dans le cœur.

Que répondront à ceci ceux qui ont avec eux des jeunes filles demeurant sous le même toit, puisque par cette loi de Jésus-Christ, ils peuvent devenir coupables d'une infinité d'adultères, en les regardant tous les jours avec de mauvais désirs ? Aussi le bienheureux Job s'était d'abord imposé cette loi lui-même, en s'interdisant absolument cette sorte de regards. Car le combat devient plus grand après avoir vu ce que l'on aime, et cette vue ne nous cause pas tant de satisfaction, que la nouvelle violence de notre passion ne nous fait ressentir de douleur. Nous rendons ainsi le démon bien plus puissant contre nous et nous ouvrons la porte à cet ennemi, sans qu'il soit plus en notre pouvoir de le chasser de chez nous, après l'avoir introduit dans le fond de notre cœur et dans le plus secret de nos pensées. C'est pourquoi Jésus-Christ nous dit : Ne soyez point adultère des yeux et vous ne le serez point du cœur.

Il est certain qu'on peut regarder une femme innocemment et comme les personnes chastes la regardent. C'est pourquoi Jésus-Christ ne condamne pas en général toutes sortes de regards, mais seulement ceux qui sont accompagnés d'un mauvais désir. S'il n'eût voulu faire cette distinction, il eût dit simplement : « Celui qui regarde une femme, » mais il ne parle pas ainsi, et il dit : « Celui qui regarde une femme avec un mauvais désir ; » c'est-à-dire, celui qui la regarde afin de contenter ses yeux. Dieu ne vous a pas donné des yeux pour que vous introduisiez par là l'adultère dans votre âme, mais afin que, contemplant ses créatures, vous en admiriez le Créateur. Comme donc on se met en colère « sans sujet, » on regarde aussi « sans sujet, » lorsqu'on le fait avec un mauvais désir.

Si vous voulez prendre plaisir à voir une femme, regardez la vôtre et aimez-la toujours. Il n'y a point de loi qui vous le défende. Que si vous en regardez curieusement une autre, vous faites tort à celle que Dieu vous a donnée, en détournant vos yeux d'elle pour en regarder une autre, et vous faites encore une injure à celle que vous regardez. Car quoique vous ne la touchiez pas de la main, on peut dire néanmoins que vous la touchez des yeux et du désir. Dieu regarde cela comme un véritable adultère, et avant que de le punir par les peines de l'enfer, il le punit ici par avance par des supplices rigoureux. Car l'esprit est rempli aussitôt de nuages et de troubles. Il entre dans l'agitation et l'inquiétude, et il est percé des pointes de la douleur. Un homme en cet état est aussi misérable que les captifs qui gémissent sous leurs chaînes. Cette femme qui vous a blessé d'un de ses regards, s'est retirée de vous, mais la plaie qu'elle vous a faite demeure toujours ; ou plutôt ce n'est pas cette femme qui vous a fait cette plaie, c'est vous-même qui vous êtes blessé en la regardant d'une manière déshonnête.

Je dis ceci afin qu'on n'accuse point celles d'entre les femmes qui sont sages et modestes, Que si quelqu'une prend plaisir à se parer et à se rendre agréable et qu'elle attire ainsi sur elle les regards de tous les hommes, quoique peut-être elle ne fasse aucun mal à ceux qui la voient, elle ne laissera pas d'être punie d'un supplice extrême. Car elle a mêlé le poison, elle l'a préparé, elle n'avait plus qu'à le présenter à boire, ou plutôt elle l'a même présenté ; mais il ne s'est trouvé personne pour boire ce breuvage de mort.

3. Quoi donc ! direz-vous, Jésus-Christ parle-t-il aussi aux femmes en cet endroit ? Les lois qu'il établit ici sont communes aux hommes et aux femmes, quoiqu'il adresse son discours particulièrement aux hommes. Quand il parle au chef, il parle à tout le corps. Il sait que l'homme et la femme ne sont qu'un, et il ne les divise point. Que si vous voulez entendre un avis particulier pour les femmes, voyez ce que dit Isaïe, qui jette tant de ridicule sur leur vanité dans leurs habits, dans leurs regards, dans leur marcher, dans leurs robes traînantes, dans leurs démarches affectées, et dans tout le port de leur corps. Écoutez après Isaïe saint Paul, qui leur donne beaucoup d'avis touchant leurs habits, leurs ornements d'or, leurs cheveux frisés, leur luxe, et autres choses semblables qu'il leur défend très sévèrement. Et Jésus-Christ exprime la même pensée, quoique obscurément. Car en disant : Arrachez et coupez ce qui

vous scandalise, il montre avec quelle colère on doit traiter ces sortes de personnes. C'est pourquoi il ajoute :

« Que si votre œil droit vous est un sujet de scandale, arrachez-le, et jetez-le loin de vous. » Et ne dites pas : mais quoi ! si c'est ma parente, si c'est mon alliée ? L'objection est prévenue par ces paroles, ce sont ces personnes-là précisément que Jésus-Christ nous ordonne de retrancher et non pas les membres mêmes de notre corps. Dieu nous garde de cette pensée ! il n'accuse point notre chair, mais il condamne la corruption de la volonté. Ce n'est point l'œil qui regarde, mais l'esprit et la pensée. Il arrive, tous les jours que lorsque notre esprit est appliqué ailleurs, notre œil ne voit pas ceux qui sont présents parce que l'action dépend de l'esprit. Si Jésus-Christ eût parlé de nos membres, il ne nous eût pas commandé d'arracher seulement un œil, et il n'eût pas marqué particulièrement le droit, mais il y aurait joint le gauche. Car celui qui est scandalisé par le droit, l'est sans doute aussi par le gauche.

Pourquoi donc marque-t-il précisément l'œil droit, et ensuite la main droite, sinon pour nous apprendre qu'il ne parle point des membres de notre corps, mais des personnes qui nous sont le plus unies ? Quand vous aimeriez, dit-il, quelqu'un, de telle sorte que vous le regarderiez comme votre œil droit, ou que vous vous le croiriez aussi utile que votre main droite, néanmoins s'il nuit à votre âme, retranchez-le hardiment de vous. Et remarquez la force de ces paroles. Il ne dit pas : Retirez-vous de lui ; mais pour marquer une plus grande sépara-tion : « Arrachez-le, » dit-il, « et le jetez loin de vous. » Mais après un commandement si rude, il en fait voir l'avantage, et par les biens que nous en recevons, et par le mal que nous évitons ; et, demeurant toujours dans la même comparaison, il ajoute :

« Car il vaut bien mieux pour vous qu'une partie de votre corps périsse, que si tout votre corps était jeté dans l'enfer. Et si votre main droite vous est un sujet de scandale, coupez-la et jetez-la loin de vous. Car il vaut bien mieux pour vous qu'une partie de votre corps périsse, que si tout votre corps était dans l'enfer. » Car puisque cette personne ne se sauve pas elle-même, et qu'elle vous perd avec elle, quelle amitié serait-ce de tomber tous deux dans le précipice, lorsqu'en se séparant, l'un des deux au moins pourrait se sauver ? Pourquoi donc saint Paul, dites-vous, souhaitait-il d'être anathème ? Ce n'était pas pour se perdre inutilement, mais pour acheter par sa perte le salut des autres. Mais ici tous deux se perdent sans ressource. C'est pourquoi Jésus-Christ ne dit pas seulement : « Arrachez-le, » mais « jetez-le loin de vous ; » afin que vous ne le repreniez plus s'il continue à vous être dangereux. Car vous empêcherez ainsi qu'il ne soit puni davantage, et vous vous sauverez vous-même.

Mais pour voir plus clairement l'avantage de ce précepte, examinons-le en le comparant avec ce qui se passe dans notre corps. Si on nous donnait le choix, et qu'il fallût nécessairement ou, en conservant nos deux yeux, tomber dans le précipice, ou en perdre un pour conserver tout le corps, n'est-il pas clair que nous choisirions le dernier parti, et que ce ne serait pas alors haïr son œil que de le perdre, mais aimer le reste du corps ? Appliquons ceci aux personnes qui nous sont chères. Si quelqu'un vous nuit par l'affection qu'il a pour vous, sans que vous puissiez y remédier, en le retranchant de vous, premièrement vous empêcherez qu'il ne vous perde, ensuite vous le sauverez d'une condamnation plus terrible en faisant en sorte qu'il n'ait pas à rendre compte et de ses propres péchés et de votre perte. Il est donc visible que cette loi est très douce et très charitable, quoiqu'elle semble si sévère à tant de personnes.

Que ceux qui sont si ardents pour le théâtre et dont les yeux se remplissent d'adultères presque tous les jours, écoutent ce que nous disons. Si Jésus-Christ nous commande de retrancher de nous nos plus intimes amis, lorsqu'ils nous sont un sujet de scandale, qui pourra excuser ceux qui sans connaître d'ailleurs des personnes, et seulement parce qu'ils les voient tous les jours au théâtre, s'engagent dans des connaissances qui leur font naître mille occasions de se perdre ? Jésus-Christ ne se contente pas de défendre les regards accompagnés de mauvais désirs, mais, après avoir montré le mal qu'ils peuvent faire, il va plus loin, et il ordonne de s'arracher l'œil et la main, et de les jeter loin de nous. Et cependant celui qui fait cette loi qui paraît si dure, est celui-là même qui nous commande tant la charité fraternelle, ce qui nous fait voir combien il veille pour notre salut, et comme il a soin d'écarter de nous ce qui nous peut nuire.

4. « Il a été dit encore : Quiconque veut quitter sa femme, qu'il lui donne un écrit par lequel il déclare qu'il la répudie. Mais « moi je vous dis que quiconque quitte sa femme, si ce n'est en cas de forni-

cation, la fait devenir adultère, et que quiconque épouse celle que son mari aura quittée, commet un adultère. » Jésus-Christ ne passe à ces ordonnances plus hautes qu'après avoir purifié tout ce qu'il y avait de plus grossier. Car il nous apprend encore ici une autre espèce d'adultère. Il y avait une loi qui permettait à un homme qui avait conçu de l'aversion pour sa femme pour quelque sujet que ce fût, de la quitter et d'en prendre une autre, pourvu qu'on lui donnât un écrit par lequel il déclarait qu'il la répudiait, afin qu'il ne fût plus permis à cette femme de le reprendre pour mari, et qu'au moins cette ombre de mariage subsistât. Car si le législateur n'eût apporté cette restriction, et qu'il eût simplement permis à un homme de répudier sa femme pour en prendre une autre, et de reprendre ensuite la première, ç'aurait été une confusion effroyable : les hommes auraient pris ainsi les femmes les uns des autres, ce qui aurait été une suite continuelle d'adultères.

C'est pourquoi cet écrit de répudiation était une admirable invention de la sagesse de Dieu ; car cette loi s'opposait encore à un autre mal bien plus grand. Si Dieu eût contraint les Juifs de retenir leur femme chez eux, lors même qu'ils la haïssaient, ils eussent pu se porter quelquefois jusqu'à la tuer. Telle était l'humeur brutale de cette nation. S'ils ne pardonnaient pas à leurs enfants, s'ils tuaient les prophètes, s'ils répandaient le sang comme l'eau, combien auraient-ils moins épargné leurs femmes ? C'est pourquoi Dieu souffrait un moindre mal, afin d'en empêcher un plus grand. Car Jésus-Christ fait assez voir que ce n'était pas là l'intention principale de Dieu, lorsqu'il dit : « Moïse vous a permis cela à cause de la dureté de votre cœur (Matth. XIX, 8), » pour vous empêcher de tuer vos femmes dans vos maisons, en vous permettant de les chasser. Mais comme il avait déjà condamné la colère et défendu non seulement l'homicide, mais encore le moindre mouvement de haine, il lui était plus aisé d'établir cette loi touchant les femmes. Il apporte toujours les paroles de l'ancienne loi pour faire voir comme elle s'accorde avec la nouvelle. Car sa doctrine n'est pas une destruction, mais une extension de la loi de Moïse, et, bien loin de la violer, il l'accomplit et la perfectionne.

Remarquez aussi qu'il s'adresse toujours aux hommes : « Celui qui quitte sa femme la fait devenir adultère, et quiconque épouse celle que son mari a quittée, commet un adultère. » Lors même que le premier de ces deux n'épouse point une autre femme, il se rend coupable par cela seul qu'il rend sa femme adultère. Et le second, en prenant la femme d'un autre, commet encore un adultère. Et ne me dites point que cet homme a chassé sa femme. Quoiqu'il l'ait chassée, elle ne cesse pas d'être sa femme. Et de peur qu'en rejetant tout sur le mari, il ne rende la femme trop insolente, il lui ferme aussi à elle la porte d'un second mariage, en disant : « Quiconque épouse celle que son mari a quittée, commet un adultère. » Ainsi il rend en quelque sorte la femme sage malgré elle, en empê-chant tout autre de l'épouser, en ne souffrant pas qu'elle cherche les occasions d'irriter son mari contre elle. Car se voyant dans la nécessité, ou d'être toujours avec le mari qu'elle a pris d'abord, ou, si elle est une fois répudiée, de demeurer toute sa vie sans secours et sans assistance, elle se sent comme forcée d'aimer son mari.

Il ne faut pas s'étonner que Jésus-Christ ne parle point en particulier à la femme. Ce sexe est trop faible, et Jésus se contente, en effrayant les hommes, de retenir en même temps les femmes dans leur devoir. Il imite un père qui, ayant un fils débauché, lui épargnerait la honte d'une réprimande, et se contenterait de menacer ceux qui l'auraient jeté dans la débauche, leur commandant de ne le plus voir, et de ne se trouver jamais avec lui.

Si cela vous paraît onéreux, souvenez-vous de ce que le Seigneur a dit d'abord dans les huit béatitudes, et vous le trouverez aisé. Comment, en effet, un homme doux et ami de la paix, comment celui qui est pauvre d'esprit et charitable, répudiera-t-il sa femme ? comment celui qui réconcilie les autres serait-il lui-même en guerre avec sa femme ? Mais Jésus rend encore cette loi douce et facile d'une autre manière, puisqu'il laisse à l'homme une occasion légitime de répudier sa femme : « si ce n'est, » dit-il, « en cas de fornication. »Sans cela tout aurait été dans le trouble. Car si Jésus-Christ avait commandé de retenir sa femme après qu'elle se serait abandonnée à un autre, le monde aurait été plein d'adultères.

Vous voyez donc la liaison que ce commandement a avec les autres. Celui qui ne voit point d'un œil impudique la femme de son prochain, ne commettra pas d'adultère avec elle ; et ainsi on ne donnera occasion à personne de répudier sa femme. C'est pourquoi il ne craint point, après cela, d'intimider si fort le mari, en le menaçant d'un grand péril s'il répudie sa femme, et en le rendant coupable de l'adultère où il l'expose. Car de peur qu'on n'entendît de la femme cette parole : « Arrachez votre œil, » il prévient cette interprétation abusive, lorsqu'il déclare qu'il n'y a qu'un sujet légitime où l'on puisse la répudier.

« Vous avez encore appris qu'il a été dit aux anciens : Vous ne vous parjurerez point ; mais « vous vous acquitterez envers le Seigneur des serments que vous lui aurez faits. Et moi je vous dis de ne point jurer du tout. » Pourquoi Jésus-Christ passe-t-il le commandement qui défend le larcin, pour venir à celui qui regarde le parjure et le faux témoignage ? C'est parce que quelquefois celui qui craindrait de dérober ne craindrait pas de se parjurer, et qu'au contraire celui qui craindra le mensonge et le parjure, ne se laissera jamais aller au larcin. Ainsi en détruisant le parjure il détruit le vol, puisque c'est du vol que naît le parjure.

5. Mais que veulent dire ces paroles : « Vous rendrez au Seigneur les serments que vous lui aurez faits ? » (Ps. XLIX, 14.) C'est-à-dire, lorsque vous jurerez, vous direz la vérité « Et moi, » dit-il, « je vous défends de jurer absolument. » Et voulant les éloigner davantage de jurer par le nom de Dieu, il dit : « Ne jurez point, ni par le ciel, parce que c'est le trône de Dieu ; ni par la terre, parce que c'est son marchepied ; ni par Jérusalem, parce que c'est la ville du grand Roi. » Il se sert encore du langage des prophètes, et montre qu'il n'est point contraire aux anciens, qui avaient coutume de jurer par ces choses, comme il le dit à la fin de cet évangile. Mais

remarquez comment il relève les éléments, non par leur nature particulière, mais par le rapport qu'ils ont à Dieu ; remarquez aussi la condescendance de son langage. Les hommes alors étaient étrangement portés à l'idolâtrie. C'est donc pour les détourner de croire les éléments vénérables par eux-mêmes, qu'il se sert du motif que nous venons de voir, et qu'il met en jeu la majesté de Dieu. Il ne dit pas que le ciel est beau, et d'une grande étendue, ou que la terre est féconde et très-utile aux hommes ; mais il dit de l'un qu'il est le trône de Dieu, et de l'autre, qu'elle est son marchepied, afin de porter les hommes par toutes sortes de considérations à craindre et à révérer le Créateur.

« Et ne jurez pas même par votre tête, parce que vous ne pouvez rendre un seul de vos cheveux blanc ou noir. » Lorsque Jésus-Christ défend à l'homme de jurer par sa tête, ce n'est pas qu'il considère l'homme comme quelque chose de bien grand, puisque l'homme n'a été créé que pour être soumis à Dieu, et pour l'adorer. Mais il veut en ceci rendre gloire à Dieu, et montrer que l'homme n'est pas le maître de lui-même, ni des serments qu'il ferait en jurant par sa tête. Que si un père ne donne point son fils à un autre homme, Dieu donnera bien moins à un autre l'ouvrage de ses propres mains. Car encore que votre tête soit à vous, elle est néanmoins l'ouvrage d'un autre. Vous êtes si éloigné d'en être le seigneur et le maître, qu'il vous est impossible d'y faire le moindre changement. Il ne dit pas : Vous ne pouvez agrandir un de vos cheveux, mais : vous n'en pouvez changer la couleur.

Vous me direz peut-être : Si quelqu'un me

contraint de jurer, et m'impose cette nécessité, que dois-je faire ? Je vous réponds que la crainte de Dieu doit être plus forte sur votre esprit, que cette nécessité qu'on vous impose. Que si vous allez chercher des raisons de ce genre, et de semblables prétextes, vous n'obéirez à aucun des commandements de Dieu. Car lorsqu'on vous défend de répudier votre femme, ne pourrez-vous pas dire de même : mais si elle est de mauvaise humeur, si elle fait trop de dépense ? Lorsqu'on vous commande d'arracher votre œil droit, ne pourrez-vous pas dire : Mais si je l'aime de tout mon cœur ? Lorsqu'on ne vous permet pas de jeter un seul regard déshonnête, ne direz-vous pas encore : Mais puis-je m'empêcher de voir ? Lorsqu'on vous ordonne de ne vous point mettre en colère contre votre frère, ne pourrez-vous pas dire aussi : Mais si je suis prompt, et que je ne puisse retenir ma langue ? Ainsi vous pourriez éluder tous les commandements que Dieu vous fait.

Considérez que vous n'oseriez alléguer de semblables excuses, lorsqu'il s'agit de garder les lois humaines. Vous n'oseriez dire : Mais si telle ou telle chose arrive, suis-je obligé de garder la loi ? Et il faut de gré ou de force que vous vous y soumettiez. Si vous voulez être fidèle à la loi de Jésus-Christ, vous ne vous trouverez pas exposé à cette nécessité de jurer. Car celui qui aura écouté avec foi ces béatitudes, et qui se sera mis dans l'état où Jésus-Christ le demande, sera tellement cru de tout le monde, qu'il ne trouvera personne qui le contraigne à jurer.

« Mais contentez-vous de dire : Cela est, ou cela n'est pas. Ce qui est de plus vient du mauvais. » Ce qui est de plus que le oui ou le non, c'est le jurement, et non le parjure, puisque ce dernier étant visiblement mauvais, nous n'avons pas besoin que personne nous en avertisse, et Jésus-Christ ne dirait pas : « ce qui est de plus, » en parlant d'une chose évidemment mauvaise. Car ce qui est « de plus,» c'est le superflu, le surajouté, ce qui dépasse le nécessaire, tel qu'est le jurement.

Vous me direz peut-être : Si le serment vient d'une mauvaise cause, pourquoi Dieu le commande-t-il par la loi ?Vous pourrez demander la même chose touchant le divorce : Pourquoi ce qui est un adultère maintenant, était-il permis autrefois ? Que pouvons-nous répondre à cela, sinon que la faiblesse de ce peuple obligeait Dieu à user de condescendance dans les lois qu'il lui donnait ? N'était-il pas de même indigne de Dieu d'être honoré par la fumée des holocaustes ? Mais il se proportionnait à ce peuple, comme un homme sage prend avec un enfant le langage des enfants. Mais depuis que Dieu nous a instruits des véritables vertus, le divorce passe pour un adultère, et le jurement est défendu comme venant d'un mauvais principe.

Si ces premières lois avaient eu le démon pour auteur, elles n'auraient pas produit tant de bons effets. Si la loi ancienne n'avait précédé la nouvelle, celle-ci n'aurait pas été si facilement reçue. N'accusez donc point d'être sans vertu une loi, dont l'usage n'est plus de saison. Elle a servi, en son temps, et nous pouvons dire qu'elle sert encore aujourd'hui. Rien ne montre mieux son utilité que le reproche même qu'on lui fait de n'en avoir pas. C'est sa gloire qu'on en juge de la sorte. Car si elle ne nous avait nourris d'abord d'une manière proportionnée à notre faiblesse, et si elle ne nous avait ainsi rendu capables de quelque chose de plus grand, nous n'aurions pu jamais en porter un semblable jugement.

6. Ainsi la mamelle d'une nourrice paraît inutile lorsqu'elle a nourri l'enfant, et qu'elle l'a rendu capable, d'une nourriture plus solide. On ne la considère plus alors ; et le père qui la regardait auparavant comme étant si nécessaire à son fils, s'en moque ensuite. Plusieurs même y mettent quelque chose d'amer, afin que n'en pouvant retirer l'enfant par des paroles, ils arrêtent par cette amertume l'inclination violente qui sans cesse l'y ramène. Ainsi Jésus-Christ dit que le jurement venait d'un mauvais principe, non pour marquer que la loi ancienne vînt du démon, mais pour porter les hommes avec plus de force à se séparer de ses observances désormais trop imparfaites. C'est ainsi qu'il agit avec ses disciples. Mais pour ce qui est des Juifs, qui sont demeurés toujours inflexibles et opiniâtres dans leur aveuglement, il a voulu leur rendre leur ville inaccessible, comme on empêche les enfants d'approcher de la mamelle de leurs nourrices ; et comme on y met quelque chose d'amer pour les en éloigner, il a voulu aussi les éloigner de Jérusalem par la crainte d'un siège, et par l'appréhension de perdre leur liberté. Et parce que cela ne suffisait pas pour les écarter, et qu'ils désiraient toujours de revoir leur ville, comme un enfant qui veut reprendre la mamelle de sa nourrice, Dieu se vit enfin réduit à la cacher entièrement, à la détruire tout à fait, et à disperser la plupart d'entre eux dans des pays éloignés, les traitant comme ces animaux qu'on enferme

et qu'en sépare de leurs mères lorsqu'on veut les en sevrer, afin que la longueur du temps leur apprenne à se désaccoutumer enfin de cette nourriture, et comme du lait de la loi, pour passer à une autre plus solide.

Si l'ancienne loi avait eu le démon pour auteur, elle n'aurait jamais défendu l'idolâtrie, et elle en eût fait un commandement exprès, puisque le démon n'aime rien tant que cette impiété sacrilège. Cependant nous voyons tout le contraire, et c'est pour cela même qu'elle permettait de jurer, et afin que les hommes ne jurassent point par les idoles « Jurez, » leur dit-elle, « par le véritable Dieu. » Il est donc vrai que la loi ancienne a été très utile, puisqu'elle a élevé les hommes pendant leur enfance, et qu'elle les a rendus capables d'une nourriture plus solide.

Mais quoi ! me direz-vous, est-ce un mal que de jurer ? Oui c'en est un, depuis que règne la perfection évangélique, mais auparavant ce n'était pas un mal. Vous me répondrez sans doute : Comment ce qui était autrefois un bien est-il devenu maintenant un mal ? Et moi je vous demande au contraire : Comment peut-on nier que ce qui est bon en un temps ne l'est plus en un autre, puisque nous voyons cette vérité dans tous les arts, dans tous les fruits de la terre, et dans toute la nature ? Considérez premièrement ce qui se passe dans notre enfance. C'est un bien lorsqu'on est enfant d'être sur les bras ; mais ce serait un mal de l'être encore lorsqu'on est homme. C'est un bien quand on est petit de sucer le lait d'une nourrice ; mais ce serait un mal de le faire quand on est grand. L'enfant au berceau veut qu'on lui mâche sa nourriture, tandis que cela répugnerait à l'homme fait. Ainsi vous voyez que la différence des temps rend les mêmes choses tantôt bonnes tantôt mauvaises. Un habit d'enfant sied bien à un enfant : mais il serait insupportable dans un homme. Ce qui est de même propre à l'homme, ne l'est pas à un enfant. Habillez un enfant en homme, tout le monde s'en rira, et cet habit même pourrait le faire tomber. Donnez à un enfant le soin du commerce, d'une ferme, des affaires civiles, et tout le monde se moquera de vous.

Mais que dis-je ? Nous avons encore des preuves plus grandes de cette vérité. L'homicide est certainement l'ouvrage du démon, et néanmoins un homicide a mérité à Phinée l'honneur du sacerdoce. Jésus-Christ, lorsqu'il disait aux juifs : « Vous voulez exécuter les désirs de votre père. Il a été homicide dès le commencement (Jean, VIII, 44),» fait assez voir que c'est le démon qui a appris à tuer les hommes : et néanmoins Phinée tue un homme, et ce meurtre lui est imputé à justice. Abraham, pour avoir voulu tuer un homme seulement, mais son propre fils, ce qui est bien plus grave, en devient plus juste et plus agréable aux yeux de Dieu. Saint Pierre tue Ananie et Saphira, et il les tue par un mouvement du Saint-Esprit.

7. Ne regardons pas les choses, mes frères, comme elles paraissent à l'extérieur. Examinons avec soin le temps, le sujet, la volonté, la différence des personnes, et toutes les autres circonstances, puisque sans cela nous ne pouvons bien connaître la vérité. Efforçons-nous, si nous voulons entrer dans le royaume de Dieu, de faire plus de bonnes œuvres, et d'aller au-delà de la justice de la loi,

puisqu'autrement nous ne devons point prétendre d'avoir aucune part au ciel. Si nous nous bornons à la vertu des anciens, les portes célestes nous seront fermées. « Car si votre justice n'est plus abondante, » dit Jésus-Christ, « que celle des scribes et des pharisiens, vous n'entrerez point dans le royaume des cieux. » Et cependant après cette menace, il y a des personnes, qui non seulement ne surpassent point la vertu des anciens ; mais qui même en sont encore très-éloignées. Bien loin d'éviter de jurer, ils se parjurent. Bien loin de s'empêcher de jeter un regard impur, ils s'abandonnent à des actions brutales. Ils commettent sans aucune crainte tout ce que Jésus-Christ nous défend.

Et il ne leur reste plus que de trouver ce jour qui vengera tous leurs crimes, et qui les punira avec une extrême rigueur ; puisque c'est là le partage de ceux qui finissent leur vie dans le péché. Il faut que ceux qui vivent de la sorte, désespèrent de leur salut, et qu'ils n'attendent plus que la punition de leurs crimes. Pour ceux qui ont encore du temps et de la vie, ils peuvent combattre et vaincre aisément leur ennemi, et mériter ainsi la couronne.

Ne vous laissez donc point abattre par la négligence, et ne perdez point courage. Ce qu'on vous commande n'est point pénible. Quelle peine y a-t-il à ne point jurer ? Faut-il pour cela dépenser beaucoup d'argent ? Faut-il y employer beaucoup de travail ? Il suffit de le vouloir, et tout ce qu'on vous commande sera accompli. Que si vous vous excusez sur votre mauvaise habitude, c'est par cela même que je vous veux faire voir qu'il vous est aisé de vous corriger. Car aussitôt que vous aurez pris une habitude contraire, vous aurez gagné ce que vous voulez. On en a vu autrefois parmi les païens qui, ayant une difficulté de langue, l'ont surmontée par leurs soins, et se sont corrigés de ce défaut : d'autres qui remuaient sans cesse les épaules d'une façon disgracieuse, se sont fait des violences pour perdre cette habitude, jusqu'à arrêter ce mouvement de leur corps par la pointe d'une épée nue.

Puisque l'Écriture ne vous persuade pas, je suis contraint de vous exciter par l'exemple de ces idolâtres. Dieu traitait ainsi les Juifs lorsqu'il leur disait : « Allez dans les îles de Céthim et envoyez dans le pays de Cédar, et voyez si ces peuples ont quitté leurs dieux, quoique certainement ils ne soient pas dieux. » (Jér. II, 10.) Il renvoie même quelquefois l'homme à l'exemple des bêtes. Il dit aux paresseux : « Allez à la fourmi, allez à l'abeille et imitez leur activité et leur travail. » (Prov. VI, et XXX.) Je suis donc aujourd'hui cet exemple et je vous dis : Jetez les yeux sur ces philosophes païens et vous reconnaîtrez de quels supplices sont dignes ceux qui méprisent la loi de Dieu, puisque ceux-là, pour avoir l'extérieur un peu mieux réglé, ont enduré tant de maux, et que vous ne voulez rien faire de semblable pour gagner le ciel.

Que si après cela vous dites que la longue habitude est difficile à vaincre et qu'elle trompe souvent ceux qui se tiennent le plus sur leurs gardes, j'en demeure d'accord avec vous. Mais je vous dis en même temps, que comme elle peut aisément vous surprendre, vous pouvez aussi aisément la vaincre. Car si vous donnez ordre à quelqu'un de chez vous de vous avertir, comme à un domestique, à votre femme, à quelque ami, vous vous dégagerez bientôt de votre habitude. Si vous prenez cette peine seulement durant dix jours, il ne vous en faudra pas davantage, vous serez dans une paisible assurance et cette nouvelle habitude que vous contracterez, vous rendra fermes contre la mauvaise. Si, lorsque vous entreprendrez ainsi de vous corriger, vous tombez, une ou deux ou plusieurs fois, ne vous découragez pas. Relevez-vous aussitôt, revenez au combat avec ardeur et vous remporterez enfin la victoire.

Le parjure n'est pas un péché peu considérable, et si le simple jurement vient du mauvais, jugez de quels supplices le parjure sera puni. Vous applaudissez à ce que je dis, mais ce ne sont point ces applaudissements ni ces acclamations que je recherche. Tout mon désir est que vous écoutiez paisiblement et modestement ce que je vous prescris et que vous soyez fidèles à le pratiquer. Ce sont là les acclamations que je cherche, et les applaudissements que je désire. Que si vous vous contentez de louer ce que je dis sans le pratiquer, vous vous attirez un plus grand supplice et une condamnation plus sévère, et vous vous couvrez vous-mêmes de honte. Nous n'êtes pas ici au théâtre et vous ne vous y assemblez pas pour écouter des comédiens et leur applaudir. C'est ici une école toute sainte, et tout ce que vous avez à faire, c'est de mettre en pratique ce que vous entendez et de témoigner votre obéissance par vos actions. Ce sera alors que je me tiendrai bien récompensé de toutes mes peines. Mais maintenant je vous avoue que je suis presque réduit au désespoir. Quoique je ne cesse point de vous instruire et en particulier et en public, je n'en remarque aucun fruit et vous êtes encore comme aux premiers éléments de la vie spirituelle, ce qui abat sans doute et qui décourage beaucoup un pasteur. Considérez que saint Paul même témoigne une extrême peine de voir des chrétiens toujours dans la bassesse des premières instructions : « Au lieu que depuis le temps qu'on vous instruit, » dit-il aux Hébreux, « vous devriez déjà être maîtres, vous avez besoin encore qu'on vous apprenne les rudiments par où l'on commence à expliquer la parole de Dieu. » (Hébr. V, 12.) C'est le sujet de notre douleur et de nos gémissements. Et si vous demeurez toujours les mêmes, je vous interdirai l'entrée de l'église et la participation des sacrés mystères, comme aux impudiques, aux adultères et aux homicides. Car il vaut bien mieux offrir à Dieu nos prières avec deux ou trois qui gardent ses commandements, que d'assembler une foule de personnes corrompues qui se perdent et perdent les autres. Que les riches, que les grands ne s'élèvent point ici contre moi, qu'ils ne me regardent point avec indignation. Je me ris de leur colère, et leurs menaces sont pour moi une fable, une ombre et un songe. Ces riches ne me défendront pas un jour quand Dieu m'accusera à son tribunal et qu'il me reprochera de n'avoir pas soutenu avec vigueur la sainteté de ses commandements. C'est ce qui perdit autrefois cet admirable vieillard Héli qui était irrépréhensible d'ailleurs. L'indifférence avec laquelle il vit ses enfants fouler aux pieds la loi de Dieu, attira sa colère sur lui et sur eux, et il en fut puni d'une manière terrible. Que si dans une rencontre où la nature, qui a tant d'empire, pouvait jusqu'à un certain point servir d'excuse, cet homme néanmoins fut puni avec tant de rigueur, parce qu'il n'avait pas été assez sévère à réprimer ses enfants, quelle excuse nous restera-t-il à nous autres, si sans être surpris comme lui par cette tendresse naturelle, nous corrompons néanmoins les hommes par notre indulgence et nos flatteries ? Afin donc que vous ne nous perdiez pas avec vous-mêmes, je vous conjure de vous rendre à ce que je vous dis. Priez autant de personnes que vous pourrez, de vous avertir quand vous jurerez, pour vous défaire peu à peu de cette mauvaise habitude. C'est ainsi que vous avançant dans la vertu, elle vous deviendra aisée de plus en plus et que vous mériterez de jouir des biens à venir, par la grâce et la miséricorde de Notre-Seigneur Jésus-Christ, à qui est la gloire et l'empire dans tous les siècles des siècles.

Ainsi soit-il.